公認会計士

「試験」「仕事」「キャリア」の
すべてがわかる本

武田雄治　平林亮子
Yuji Takeda　Ryoko Hirabayashi

日本実業出版社

はじめに

本書を手にとっていただき、誠にありがとうございます。共著者の1人、公認会計士の武田雄治と申します。このたび、公認会計士の平林亮子さんとの共著で『公認会計士「試験」「仕事」「キャリア」のすべてがわかる本』を出版することになりました。

平林さんとは、いまから10年以上前（2011年）に『本当にわかる公認会計士の仕事』という本を共著で出版したことがあります。

平林さんは、同じ公認会計士でありながら、私とは対照的な生き方をしていました。お茶の水女子大学文教育学部地理学科という公認会計士とは縁もゆかりもなさそうな学部に進学されながら、大学1年生のときからダブルスクール生活をし、大学3年生で（当時の）公認会計士試験2次試験に合格されました。

一方、私は関西学院大学商学部で、当時、公認会計士試験2次試験の試験委員をされていた平松一夫先生のゼミに在籍し、ゼミのOBに何十人も公認会計士がいるという環境にいながら、公認会計士を目指すという決断をしたのは大学4年生になる直前でした。

合格した後、平林さんも私も監査法人に就職しますが、監査法人に就職した理由はまったく逆でした。平林さんは「もっとも楽だという噂があったから」、私は「もっとも忙しいという噂があったから」。お互い、監査法人を3年ほどで退職することになりますが、その理由もまったく逆。独立後は、平林さんはベンチャー企業をターゲットに起業支援や管理業務支援を行いますが、私は上場企業をターゲットに決算・開示支援を行いました。

このように、平林さんと私は、同じような道を歩んできたにもかかわらず、見事なまでにその道は交わることがありませんでした。

しかし、お互い何冊かの本を出したり、情報を発信したりしていたので、名前や顔は認識していました。

いまから十数年前、共通の知人を介して、初めて平林さんとお会いし、2時間ほど食事をした際に、生き方は対照的であるにもかかわらず、考え方はオーバーラップする部分が多いことがわかりました。特に、次の3つの点で、2人の考えがガッチリとかみ合いました。

1．監査の経験や、監査法人の経験があるから今があること
2．リスク・アプローチという監査の手法はすばらしい発明品であること
3．公認会計士は無限に夢が広がるすばらしい職業であること

当時、お互い、監査の世界からは離れていましたが、公認会計士や監査には魅力があることを多くの人に知ってもらいたいと思っていました。また、監査法人で勤務されている方には、好き嫌いで監査法人を辞めてほしくないとも思っていました。さらに、これから公認会計士を目指すことを考えている方には、1人でも多くの方にチャレンジしてほしいとも思っていました。

初めてお会いして、食事をしながら話をしているうちに、出版企画が出来上がりました。それが、先述した『本当にわかる公認会計士の仕事』という本です。

この本は、公認会計士の受験生のみならず、現役の公認会計士も多く読んでくださりました。先日も、ある公認会計士の方から、「受験生時代に『本当にわかる公認会計士の仕事』を何度も読んで、背中を押してもらえました。公認会計士試験に合格できたのは、あの本のおかげです！」と言っていただきました。著者としてこれほど嬉しい言葉はありません。

『本当にわかる公認会計士の仕事』が出版されてから約10年、新型コロナウイルス感染症の拡大が落ちついてきたころに、平林さんと再会しました。

お互い、公認会計士になって20年以上が経ち、いろいろなものを手放し、リセットし、新しい生活をしていました。その間に、公認会計士の試験制度や監査制度も変わりました。公認会計士の活躍の場も劇的に広がりました。しかし、十数年前に平林さんと初めて食事をした時と同じく、「公認会計士はすばらしい職業だ」という考えは変わりません。むしろ、その考えは当時より大きくなっているかもしれません。そのため、「改訂版を出そうか？」と提案したところ、平林さんは即ＯＫしてくれました。

実際は、全面的に書き換えたため改訂版ではなく、新しい本となりました。それほど、この10年で業界は変わり、10年前と比較して公認会計士の仕事の内容も幅も広がりました。また、我々の生活も大きく変わりました。そのような話も包み隠さず書きました。

なお、本書の本文は武田雄治が執筆し、各章の巻末の「実体験エピソード」は武田雄治と平林亮子が分担して執筆しました。

本書をきっかけに、公認会計士の仕事を１人でも多くの方に知っていただき、「公認会計士はすばらしい職業だ」ということが伝わると嬉しいです。また、本書をきっかけに、公認会計士を目指す方が１人でも多く増えたら、さらに嬉しいです。

本書の執筆にあたり、多くの公認会計士や資格取得支援スクール（専門学校）の講師の方々が情報提供や助言をしてくれました。皆様の協力なくして本書は仕上がりませんでした。この場を借りて深く御礼申し上げます。

２０２３年11月

公認会計士　武田雄治

CONTENTS

2章

公認会計士に合格するための勉強法
―〝極める〟勉強法を捨て〝受かる〟勉強法を身につける

CONTENTS

3章 監査法人への就職
―ピラミッドの底辺の修業時代

6章 公認会計士が事業会社で働く ―組織内会計士、社外役員としての働き方

7章 公認会計士が独立して働く
―組織に属さず自立して生きる・働く

8章 公認会計士が会計以外の分野で働く
―無限の可能性がある公認会計士の仕事

※本書はこれから公認会計士を目指す方を対象に、公認会計士試験制度や公認会計士の仕事などをわかりやすく伝えることを目的として執筆したものです。そのため、法律、規則、ルール、実務の実態・慣習など（以下、「法律など」という）と異なる記述もあります。また、それらの法律などが今後改訂・変更されることもあります。

※本書の記述は私見を多く含んでおり、それらは各団体の意見・見解ではありません。

※本書を参考にし、公認会計士試験の受験、就職活動、転職活動などをされたことにより、何らかの損害が生じたとしても、共著者、出版社はいかなる責任も負いかねます。

カバーデザイン／沢田幸平（happeace）
カバー・本文イラスト／しゅんぶん
本文DTP／一企画

1章

公認会計士を目指す
—「公認会計士」について知る

1-1 公認会計士って何をする人？ 税理士との違いとは？

公認会計士とは何をする人なのでしょうか？
公認会計士と税理士は何が違うのでしょうか？

聞いたことはあっても、その仕事内容を知っている人は意外と少ないと思います。公認会計士は、医者や弁護士と異なりテレビドラマなどに登場することが少なく、税理士と異なり中小企業を相手に仕事をすることが少ないことから、公認会計士の仕事のイメージがわきにくいのでしょう。

「公認会計士法」に基づくと、公認会計士とは、次の２つを業務とする人をいいます。

①「他人の求めに応じ報酬を得て、財務書類の監査又は証明をすることを業とすること」（公認会計士法第２条第１項に基づく）

②「他人の求めに応じ報酬を得て、財務書類の調製をし、財務に関する調査若しくは立案をし、

又は財務に関する相談に応ずることを業とすること」（同法第2条第2項に基づく）

つまり、**財務諸表監査や、コンサルティング業務・アドバイザリー業務など**を行う人のことです。

ただし公認会計士は、これらの業務だけを行っているわけではなく、事業会社、金融機関、公的機関、教育機関など、**実に幅広い分野で活躍しています。**海外で働く公認会計士も非常に多くいます。

公認会計士の業務の幅広さについては、6章「公認会計士が事業会社で働く」、7章「公認会計士が独立して働く」、8章「公認会計士が会計以外の分野で働く」で詳しく紹介します。

なお、財務諸表監査は、公認会計士の資格を保有する人しか行うことができない公認会計士の独占業務です（P19図表参照）。公認会計士の資格を保有していない人が財務諸表監査を行うことは違法行為となります。

では一方、税理士は何をする人なのでしょうか。

「税理士法」に基づくと、税理士とは、次の3つを業務とする人をいいます（税理士法第2条第1項）。

①税務代理（申告や税務調査を代理・代行すること）
②税務書類の作成（申告書などの作成を行うこと）
③税務相談（税務の相談に応じること）

これらの業務は税理士の独占業務であり、税理士の資格を保有していない人が行うことは違法行為となります。

つまり、公認会計士であっても、税理士の資格を保有していないと、税務代理などの行為を行うことは税理士法違反です。そのため、多くの公認会計士は、独立すると、税理士登録をしてから税理士業務を行っています（公認会計士は、税理士試験を受験しなくても、税理士登録をすることが可能です）。

税務も会計領域の重要な一部であり、公認会計士試験の科目にも租税法が含まれているので、公認会計士試験に合格後も各種税法について学習している公認会計士が、（公認会計士の資格だけで）税務業務の行為を行うことができないのは不思議なことです。

諸外国を見渡すと、税理士という資格が存在する国は非常に稀で、公認会計士と税理士の位置づけについて日本と近い形態を採用している国はドイツと韓国のみです。それ以外の国では、（税理士という資格が存在していても）公認会計士が税務業務を行うことが一般的です。

◆公認会計士と税理士の違い◆

	公認会計士	税理士
独占業務	財務諸表監査 企業が作成した「財務諸表」が正しいかどうかを、第三者の立場でチェック（監査）する。	税務代理 税務書類の作成 税務相談 企業が作成した「財務諸表」を元に、税務書類の作成・代理・相談を行う。
主なクライアント	上場企業 大企業 が中心	中小企業 個人事業主 が中心
クライアントとの関係	独立した第三者 （独立性が求められる）	クライアントの納税義務をサポート
業務スタンス	監査チームを組んで監査を実施	１人で実施することが多い

実は日本も、公認会計士に税務における専門家としての適格性を認めていた時期もありました。

昭和26年の税理士法制定に先立って発表された、第2次シャウプ勧告（昭和25年9月21日）には、次のように明記されています。

「弁護士及び公認会計士については、人物試験以外の試験を経ずに、税務当局に対し納税者を代理することを認めるべきである」

これを受け、税理士法制定の際の立法担当者の趣旨説明においても、「税理士となる資格を有する者としては、まず弁護士、公認会計士が適当であると考えられ、これに加えて税理士試験に合格した者〜」としています。

つまり、税理士試験合格者に先行して、公認会計士及び弁護士に税務における専門家としての適格性を認めていたのです。

しかし、現行の税理士法では、税理士の資格を有していない人（公認会計士の資格しか有していない人を含む）が税務業務を行うことは違法行為とされてしまいました。

本来は、会計・監査のプロである公認会計士が当然に、税務業務の担い手であるべきですし、企業や個人からもそのようなニーズは大きいですが、現状では税理士登録をしなければ税務業務を行うことができません。

◆公認会計士の業務の例◆

<table>
<tr><th colspan="3">主に監査法人で実施する業務</th></tr>
<tr><td rowspan="2">法定監査
・金融商品取引法監査
・会社法監査
・特定目的会社監査
・投資法人監査
・投資事業有限責任組合監査
・学校法人監査
・国立大学法人監査
・独立行政法人監査
・社会福祉法人監査
・医療法人監査
・信用金庫監査・信用組合監査
・公益法人監査
・政党助成法監査
・地方公共団体監査</td><td colspan="2">任意監査
・法定監査対象外の法人などの財務諸表監査
（中小企業、株式公開準備企業、公益法人、社会福祉法人、医療法人、NPO法人など）
・株式公開準備のための監査
・英文財務諸表監査
・システム監査</td></tr>
<tr><td colspan="2">その他の監査
・監査以外の保証業務
・合意された手続業務（AUP：Agreed-upon procedures engagement）</td></tr>
<tr><th colspan="3">主にコンサルティングファームで実施する業務</th></tr>
<tr><td>コンサルティング業務・アドバイザリー業務
・IPO支援
・IFRS導入支援
・M&A支援
・事業再生支援
・新会計基準導入支援</td><td colspan="2">アウトソーシング業務
・決算支援
・開示支援
・内部統制構築・評価支援
・内部監査支援</td></tr>
<tr><th colspan="3">主に独立会計士が実施する業務</th></tr>
<tr><td>税務業務（税理士登録必要）
・税務代理
・税務書類の作成
・税務相談</td><td colspan="2">顧問業務など
・会計顧問
・社外役員</td></tr>
<tr><th colspan="3">その他の勤務先</th></tr>
<tr><td>事業会社
・一般事業会社
・金融機関</td><td>公的機関
※監査法人からの出向が多い
・金融庁
・証券取引等監視委員会</td><td>教育機関
・大学教授・大学教員
・専門学校講師</td></tr>
</table>

1-2 公認会計士は「市場の番人」——なぜ財務諸表監査が必要なのか

公認会計士試験に合格すると、大半の合格者は監査法人に就職し、「財務諸表監査」の実務経験を積みます。

なお、「財務諸表監査」は、「会計監査」「公認会計士監査」、もしくは、単に「監査」といわれることもあります（以下、「財務諸表監査」のことを「会計監査」「監査」という場合がありますが、同じ意味だと思ってください）。

財務諸表監査とは、企業が作成した財務諸表が正しく作成されているかどうか、虚偽の表示がなされていないかを、企業から独立した第三者の立場でチェック（監査）することです。

資本市場に参加する企業は、投資家に経営内容を伝えるために財務情報を公開します。これを**ディスクロージャー**（情報公開）といいます。

この時、経営者は正しい情報を説明する責任（**アカウンタビリティ**）を負っていますが、自ら作った情報の正しさを自らが証明することはできません。

そこで企業は、独立した第三者である公認会計士に**「監査証明」**を依頼します。そして、公認会計士は監査証明のために検証を行います。この検証が**「財務諸表監査」**です。

では、公認会計士は何を証明するのでしょうか？

「監査証明」は、財務諸表がその企業の経営成績およびキャッシュ・フローの状況ならびに財政状態を〝適正〟に表しているかについて監査し、意見を述べることをいい、意見は**「監査報告書」**として企業に提出します。ここでいう〝適正〟とは、次の2つを指します。

①一般に公正妥当と認められる企業会計の基準に従って財務諸表が作られていること
②投資家などの利害関係者の意思決定を誤らせるような重要な誤りや偽りはないこと

つまり、公認会計士は、①企業会計の基準に熟知した会計のプロであり、②不正や誤謬を発見する監査のプロといえます。

このような公認会計士が、企業の財務情報を検証し、その正しさを保証することによって、投資家は安心して投資活動を行うことが可能になるのです。このように、公認会計士は資本市場には不可欠な存在であることから、**「市場の番人」**と呼ばれることもあります。

1-3 財務諸表監査の対象——法定監査と任意監査

財務諸表監査には、法令などで監査が義務づけられている「法定監査」と、任意で公認会計士に監査証明を依頼する「任意監査」があります。

さらに、監査ではないものの、一定の信頼性を付与することを目的とした「保証業務」や「合意された手続業務（AUP：Agreed-upon procedures engagement）」というものもあります。

「法定監査」の代表的なものとして、金融商品取引法監査と会社法監査があります。

金融商品取引法監査は、すべての上場会社に監査を義務づけています。

一方で会社法監査は、会社法上の大会社（資本金5億円以上、または、負債総額200億円以上の会社）及び指名委員会等設置会社・監査等委員会設置会社に監査を義務づけています。

多くの上場企業は、両方の条件を満たすため、金融商品取引法監査と会社法監査の2つの監査を受けています。

それ以外の法令などでも監査が義務づけられており、一般事業会社だけでなく、学校法人、国

◆法定監査◆

	金融商品取引法監査		会社法監査
目的	有価証券の売買などに関する投資家の意思決定に資するため		株主総会における株主の意思決定に資するため
保証の対象	一般投資家を含む利害関係者（将来の投資家なども含む）	>	既存の株主・債権者
監査主体	監査人	＝	会計監査人
被監査会社	主に上場企業	<	主に大会社（資本金５億円以上、または、負債200億円以上）
監査対象	財務諸表	≠	計算書類等

立大学法人、独立行政法人、一定規模以上の社会福祉法人や医療法人なども監査の対象となります。

「任意監査」は、法令などでは義務づけられていないものの、経営者などの自主的な要請により実施される監査をいいます。

任意監査を受けるにはコストも時間も要しますが、財務諸表の透明性を証明でき、取引先や金融機関、利害関係者に対して信用力の高さをアピールできるというメリットがあります。任意監査は、法定監査の対象とはならない非上場会社、公益法人、一般社団法人、一般財団法人、NPO法人、社会福祉法人、医療法人などが受けることがあります。

つまり、公認会計士はさまざまな組織、業種・業態の財務諸表・財務情報を監査・保証しているのです。大手監査法人に勤務すれば、実に幅広い仕事を経験することができます（監査法人については、4章で詳述します）。

なお、公認会計士・監査法人による「財務諸表監査」以外に、企業では監査役による監査役監査や、内部監査人による内部監査も実施しています。

◆監査の種類◆

	公認会計士による財務諸表監査	監査役監査		内部監査人による内部監査
内容	【会計監査】 経営者が作成した財務諸表の監査	【業務監査】 取締役が実施する業務の適法性の監査	【会計監査】 取締役が作成した財務諸表の監査	【業務監査】 内部統制の有効性の監視など
監査対象	財務諸表 計算書類等	取締役の業務	計算書類等	経営者の指示によりさまざま
報告先	【外部監査】 利害関係者 （一般投資家など）	【外部監査】 既存株主等		【内部監査】 取締役会 監査役　など
法律	【法定監査】 金融商品取引法 会社法	【法定監査】 会社法		【任意監査】 なし

◆財務諸表監査◆

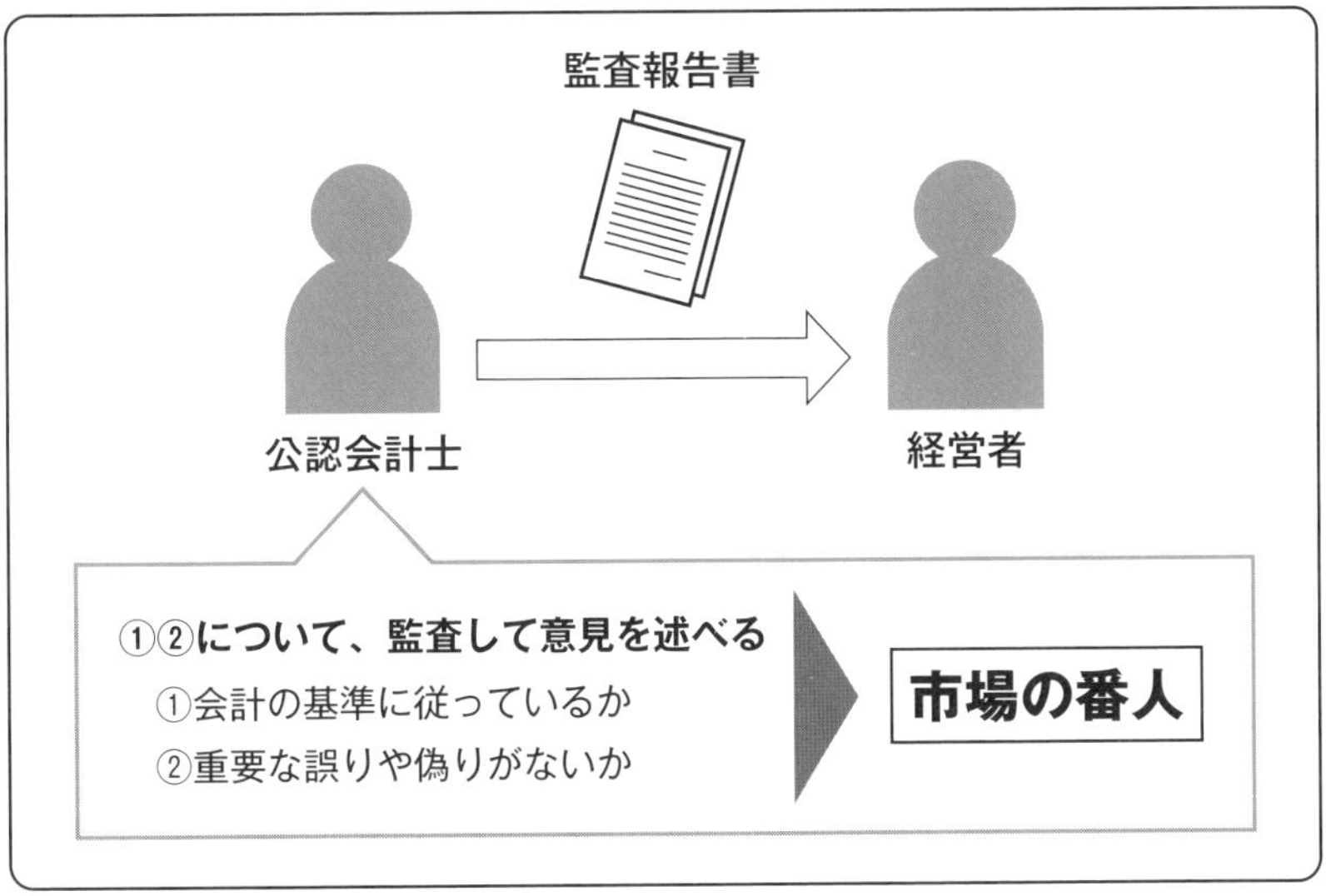

1-4

公認会計士って、ぶっちゃけ儲かるの？
――公認会計士の給料、残業、休暇など

ここまで少し真面目な話を書いてきました。

公認会計士を目指すかどうか悩んでいる方にとって、仕事の内容のみならず、儲かるのか、どれくらい忙しいのか、遊べるのか、仕事がＡＩに奪われるのではないか、女性も活躍できるのか、結婚できるのか、……といった点も気になるのではないでしょうか。

以下、それらについても、説明していきましょう。

①監査法人の給与

公認会計士試験に合格すると、大半の合格者は監査法人に就職しますが、監査法人の初任給は月収約30万円です。各種手当、残業代、ボーナスなども含めると、初年度の年収は５００万～６００万円ではないでしょうか。私の場合、初年度からかなり残業・休日出勤をしたため、年収は７００万円を超えました。

昇進すると年収も上がります。監査法人の階級と年収は、次のページのとおりです。

◆監査法人の役職・年収と主な業務内容◆

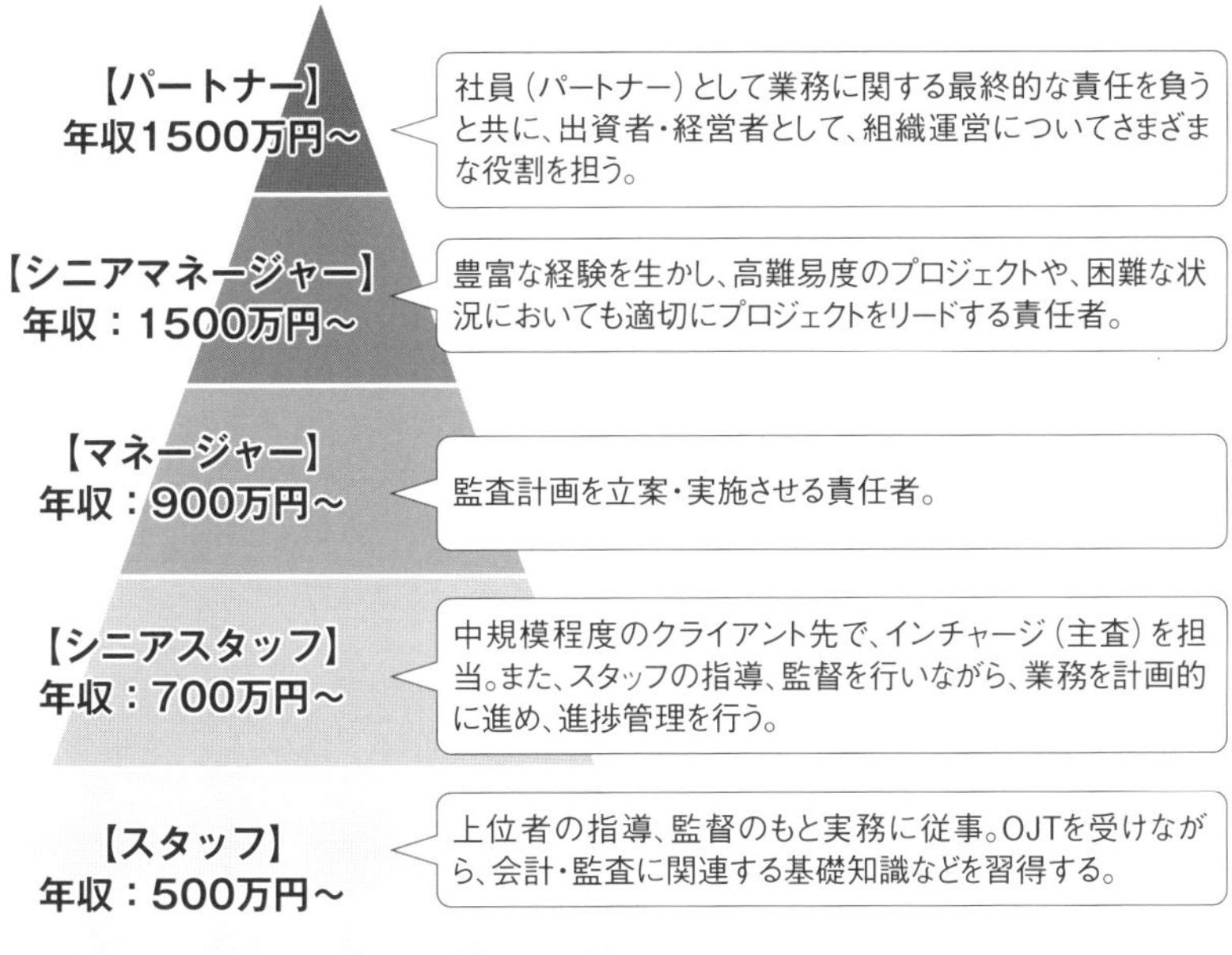
【パートナー】

年収1500万円～

社員（パートナー）として業務に関する最終的な責任を負うと共に、出資者・経営者として、組織運営についてさまざまな役割を担う。

【シニアマネージャー】

年収：1500万円～

豊富な経験を生かし、高難易度のプロジェクトや、困難な状況においても適切にプロジェクトをリードする責任者。

【マネージャー】

年収：900万円～

監査計画を立案・実施させる責任者。

【シニアスタッフ】

年収：700万円～

中規模程度のクライアント先で、インチャージ（主査）を担当。また、スタッフの指導、監督を行いながら、業務を計画的に進め、進捗管理を行う。

【スタッフ】

年収：500万円～

上位者の指導、監督のもと実務に従事。OJTを受けながら、会計・監査に関連する基礎知識などを習得する。

出所：CPA会計学院、トーマツのHPをもとに筆者作成

修了考査（2章参照）に合格し、公認会計士登録を終えた入社4年目に「シニアスタッフ」に昇進することが多く、その時点での年収は約700万～800万円の方が多いと思います。

入社7年目～10年目になると「マネージャー」に昇進することが多く、その時点での年収は約900万～1000万円くらいになり、20代でマネージャー、年収1000万円超という公認会計士もいます。

「パートナー」に昇進するには、入社してから15～20年かかりますが、その時点で年収1500万～2000万円になると思います。

さらに、ポジションが上がると、年収3000万～5000万円になる方もいます。理事長（監査法人のトップ）までいくと、年収1億円といわれています。

いずれも推測であり、法人によって異なりますので、目安と思ってください。

初任給だけを見ると、一般事業会社のほうが年収は多いこともありますが、監査法人入所後に得られる知識、経験できる仕事の幅・量、成長カーブは一般事業会社よりも大きく、それに伴って得られる報酬（給与）も大きくなります。

監査法人以外の事業会社などで勤務する公認会計士の報酬・給与についてはまちまちです。

非常に高い年収を得ている公認会計士もいますし、そうでない公認会計士もいます。月収は監査法人勤務時代より減ったにもかかわらず、ストック・オプションを得て、数億円の資産を築いた公認会計士もいます。

なお、これは私の持論ですが、**自分の価値（バリュー）と年収はいずれ収斂《しゅうれん》する**と思っています。自分に1000万円のバリューがあれば、いずれ年収は1000万円になるでしょうし、自分に3000万円のバリューがあれば、いずれ年収は3000万円になるでしょう。

そのため、年収の高いところに就職・転職することを考えるのではなく、まずは自分のバリューの向上に勤しむべきです。

特に20代は、与えられた仕事で成果・結果を出すこと、仕事の生産性を高めることにフォーカスすることをお勧めします。上司の仕事を奪ってでも仕事をこなし、いち早く仕事を覚え、全体像をつかむことも大切です。

さらに、勤務時間以外に何をするのかによっても、自分の将来のバリューは変わってくるでしょう。20代で自分のバリューを高め、他者に付けた差は、その後も埋まることはないと思います。その差が、将来の年収の差となるはずです。

繰り返しますが、目先の年収で就職先・転職先を決めるべきではありません。

②公認会計士の労働環境

監査法人でも一般事業会社と同様に、「働き方改革」が行われてきました。

最近は、監査の繁忙期は残業や休日出勤をすることもありますが、監査法人によっては21時や22時に終業しなければならないというルールを決めているところもあり、深夜残業はほとんどありません。

私が監査法人に勤務していた約20年前は、朝まで働いたり、土日に仕事をしたり、ということは当たり前でした。そのため、いまでも「忙しくて遊べないのではないか」と心配されている方もいますが、そういう心配はいりません。近年では、繁忙期以外は定時（17時や18時ごろ）に仕事が終わることがほとんどだと思います。

仕事が終わってから真っすぐ帰るもよし、図書館やカフェなどで勉強するもよし、飲みに行くもよし、コンパに行くもよし、過ごし方は人それぞれです。

ちなみに余談ですが、私は、繁忙期の忙しい時のほうが遊んでいたような気がします。深夜まで残業した後に、先輩や後輩と六本木などに繰り出していました（いま思えば、よくそんな体力があったなぁと思いますが）。

③公認会計士の仕事はＡＩに奪われる？

公認会計士試験の受験生と話をしていると、「公認会計士の仕事はＡＩに奪われるのではないか？」という質問を受けることが増えてきました。

結論からいえば、心配する必要はありません。

仕事がＡＩに奪われることも、仕事がなくなることもありません。

公認会計士の仕事（特に財務諸表監査の仕事）は多岐にわたり、ＡＩができない仕事（人間の判断力が求められる仕事）もたくさんあります。

また、企業のビジネス・事業が多角化・複雑化し、会計基準も常にアップデートされ、開示量も増え続けていますので、やることも増える一方です。

監査業界は常に人不足ですから、むしろ、定型的な業務はＡＩがやるべきなのです（すでに大手監査法人では、一部の監査業務をＡＩがやっています）。

④性別関係なく活躍できる？　結婚や出産の実情は？

２０２２年12月末時点における日本公認会計士協会の会員・準会員の女性比率は、日本公認会計士協会によると、16・１％（会員15・０％、準会員21・７％）です。

また、公認会計士・監査審査会によると、近年の公認会計士試験の合格者に占める女性の割合は20％を超えており（令和4年：22・5％、令和3年：21・8％、令和2年：24・6％、令和元年：23・6％）、今後、公認会計士登録者数に占める女性の割合は増加していくと思われます。

日本公認会計士協会は、「多様性を持った公認会計士ひとりひとりが幅広い分野で等しく活躍する社会」の実現を目指すというゴールに向けて、次の左下図の2つのＫＰＩ（数値目標）を設定しています。

監査法人に限っていえば、仕事の内容・給与・昇進など、男女で差別することは一切ありません。多くの女性が活躍していますし、女性パートナーも多くいます。産休・育休制度、さらに、育児と仕事を両立させるためのさまざまな制度がありますので、仕事が忙しくて結婚・出産・子育てができないということもありません。

私は監査法人時代、同じ部署の同期の中に女性が2名いましたが、2人とも結婚・出産後も監査法人で勤務し、いまは2人ともパートナーとして活躍しています。

日本公認会計士協会
女性会計士活躍の更なる促進のためのKPI

1. 2048年度（公認会計士制度100周年）までに会員・準会員の女性比率を30%へ上昇させる
2. 2030年度までに公認会計士試験合格者の女性比率を30%へ上昇させる

◆公認会計士の年齢階層別の男女別人数（2022年12月末日時点）◆

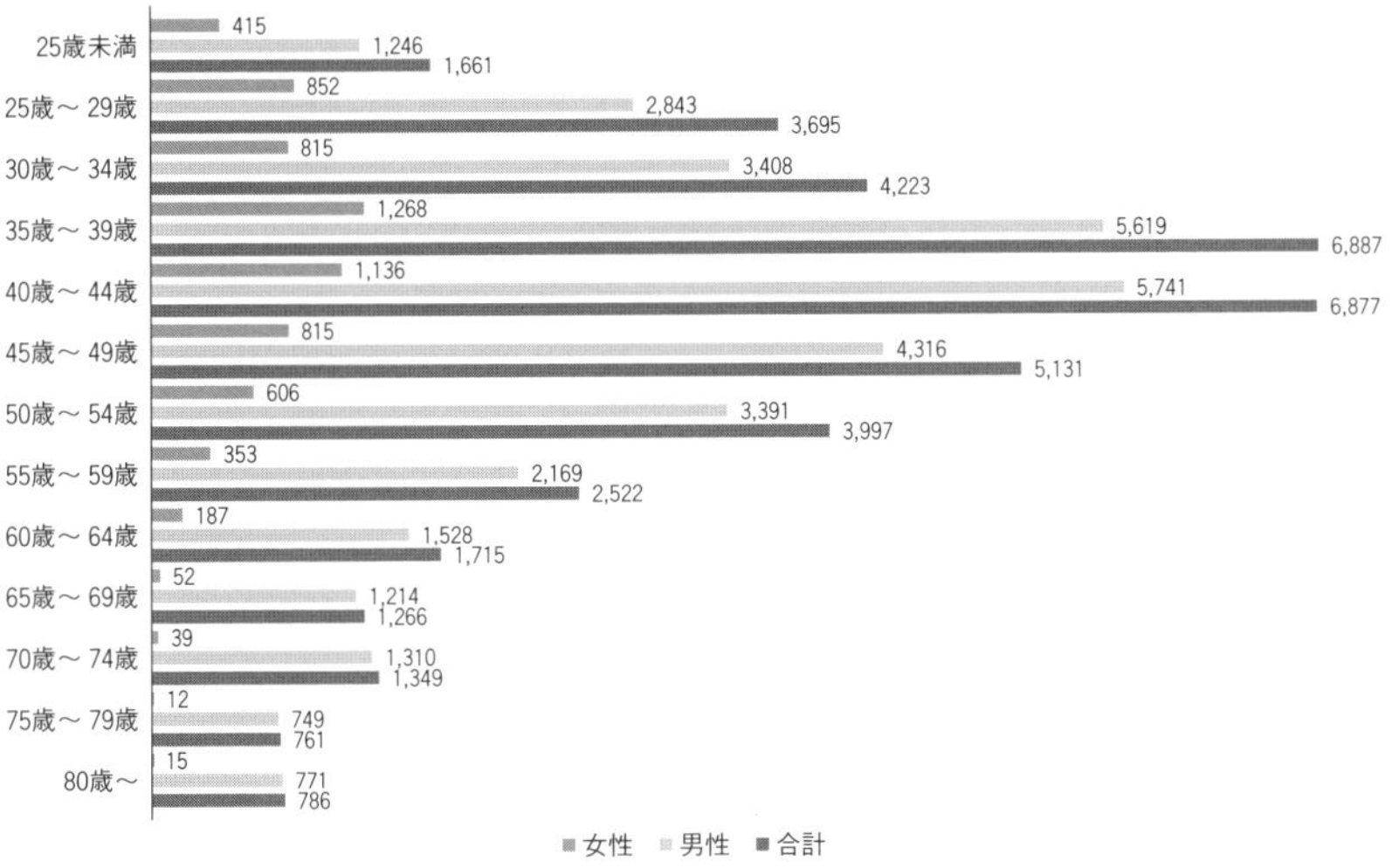

出所：公認会計士協会HP
※人数は会員・準会員の数、2022年12月末日現在

◆会員数の男女別の推移（2022年12月末日時点）◆

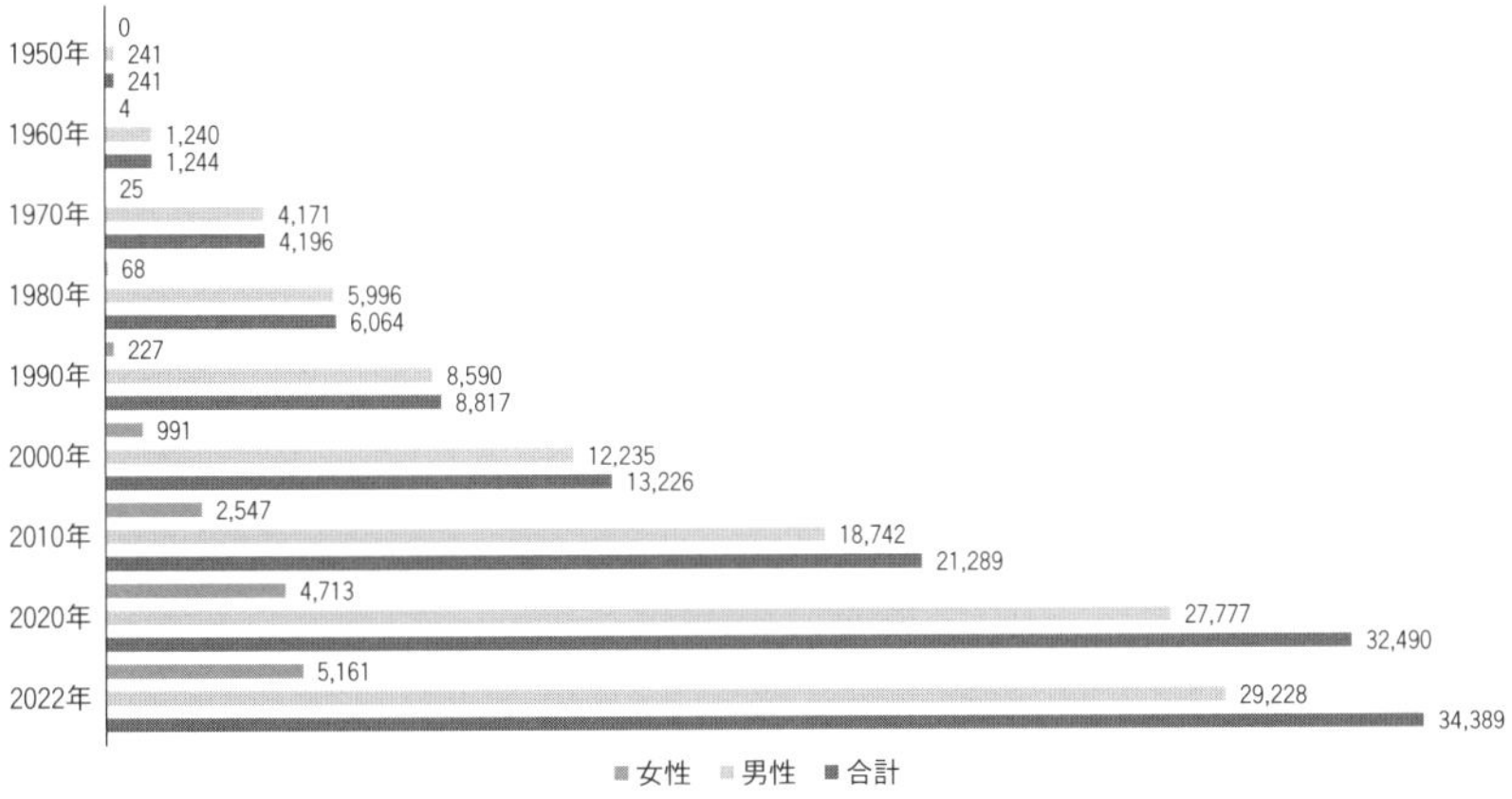

出所：日本公認会計士協会HP
※人数は会員数、各年12月末日現在

地理学科出身だけれど公認会計士を目指した理由

公認会計士を目指すことになったターニングポイント

「自力でお金を稼いで、一生食っていけるようになる」

私が公認会計士の資格を取ろうと思ったのは、ただそれだけの理由でした。

「失われた30年」が幕を開けたころ、めでたく女子大生になった私は、入学式の翌日に「就職先はないものと思ってください」という衝撃のひと言を大学の就職課の方から突きつけられます。外で働くより専業主婦になろうというビジョンを持っていた〝女子大生・亮子〟にとって、これが大きなターニングポイントになりました。

就職難は女性に限った話ではありません。同じ時代を生きていれば、家族を養えるだけの経済力を得ることは男性でも難しくなるということ。つまり、外で働くどころか、専業主婦になることも、大変難しい時代に突入しました。

専業主婦になるための力をつけるという道も考えられましたが、それでも良縁があるとは限りません。そのうえ、人生のパートナーを経済力という視点で選ぶことになるのは、昭和の世に生まれ平成の時代を生きているというのに、あまりにも寂しい。

それならば、自分でお金を稼げるようになり、なんなら家族をも養えるようになればいいのではないか。実はそれが一番手堅く確実なのではないか。そのうえで、専業主婦になるもよし。お金を稼げる主婦なんて最高だ。女子大生・亮子のビジョンは、「失われた30年」の幕開けに合わせて、そのように書き換えられたのでした。

■資格の取得を目指した

そこで、そのための手段を考え始めるわけですが、一生稼げる可能性のある方法といえば、資格を取ることくらいしか思い浮かびませんでした。しかも、結婚、出産、介護など、ライフステージに合わせて、組織に所属したり独立したり、さまざまな状況に対応できる資格となると、弁護士、公認会計士、税理士くらいに絞られてきました。

最終的に公認会計士の資格を目指そうと決めたのは、父のひと言でした。

「亮子には弁護士は無理だと思うけれど、公認会計士試験なら受かるかもしれないぞ。国立大学に現役で行ったし、公認会計士講座の授業料は出してあげる。受からなくても気にしなくていい」と。

公認会計士になるためには、資格取得支援スクール（以降、「専門学校」といいます。）に通い、講座を受け、受験準備をするのが一番多いパターンだと思います。通信講座、独学、(現在では)会計大学院という道もありますが、私は受験をするなら専門学校に通うしかないと思っていました。何を勉強すればいいのかがわかりますし、何かあれば相談もできますしね。

公認会計士講座の受講料が弁護士講座より随分と安かったことも、受講の決め手となりました。当時、公認会計士試験を受験するための約2年間にわたる試験対策講座の受講料はトータルで約50万円。多少のオプション講座を追加しましたが、それでも、100万円はかかりませんでした。

専門学校のパンフレットによれば、試験に合格すれば監査法人に就職でき、(当時の)初任給が年収約500万円ということでしたから、すぐに元が取れます。また、公認会計士の試験に合格できなくても、勉強の過程で簿記の資格を取得できる可能性も大きく、就職にも役立つだろうと考えました。そして、大学1年生の春、大学入学とほぼ時を同じくして、専門学校にも通うというダブルスクール生活を始めました。

会計とは関係ない学部の出身

私は、お茶の水女子大学文教育学部地理学科出身で、大学では公認会計士の資格とはまったく関係のない勉強をしていました。

お茶の水女子大学には、一般的に公認会計士を目指すような学部は存在しておらず、所属していた学部の教授も同級生も、公認会計士の資格について知っている人はいませんでした。当の本人も、どのような仕事につながるものなのかをはっきり知らないまま勉強を始めました。

公認会計士を目指す人の多くは、商学部や経済学部に所属しているかと思います。大学でいえば、慶應、早稲田、明治、中央といった実業に強い私立大学に通っている人が多く、お茶の水女子大学から公認会計士を目指している人は現在でもほとんどいないでしょう。公認会計士になった後、同じ大学出身の方が何人かいることを知り、お互いに驚きました。

大学での専攻とまったく関係のない受験勉強は大変ではないのか、他学部出身の人と比べて不利ではないのかという疑問を持たれることもありますが、そのような問題はまったく生じませんでした。

たしかに、専門学校で簿記をしっかり勉強すれば、大学の商学部での簿記の講座は楽々とパスすることでしょう。また、公認会計士という資格に対して周囲の理解も得やすいでしょう。

しかし、メリットはその程度だと思います。

むしろ、大学とは違う勉強をすることで、受験科目について大学と専門学校での説明方法の相違による混乱も生じませんし、「公認会計士試験に向けて勉強している」と友人に話しても、「そんな資格があるんだね。難しいの？　英検みたいなもの？」といった気楽な返事が返ってきます。

商学部に通いながら目指すとなるとおそらくそうはいかないと思います。私が合格した年の合格率は約7％でした。数字だけで考えれば、無謀な挑戦と思われても仕方ないのです。

公認会計士を目指しているというと、「そんなの受かるわけないじゃん」、「もっと遊ぼうよ」と、ネガティブな言葉や合格を妨害するような言葉をかけられるかもしれません。その点、地理学科在籍の私は至って平和でした。「頑張ってね！」と非常に前向きな励ましをもらうことができました。

私の大学生時代は就職難だったので、大学教授も資格取得の背中を押してくれました。また、そもそも、地理学科出身にふさわしい就職先（たとえば、地図の出版社とか防災研究所といった組織）への就職も狭き門であり、地理とあまり関係ない進路を選択することについて、大学側も慣れていました。

そのうえ、女性で地理学科というマニアックな学科を選ぶだけあって、クラスメートはみな非常に個性的で、自立心の高い女性ばかりでした。昼食を誰かと食べるか、1人で食べるか、といった人付き合いも、その時々、それぞれが心地よい選択をし、講義の時間以外は、皆、自分のスタイルで過ごしていました。そのため、「私は1人で勉強する！」といえば、みんな「頑張れ！」といって、素直に応援してくれる環境でした。

専門学校での勉強の内容と違うために、大学の勉強にも興味を持って取り組むことができました。

また公認会計士試験の科目は多岐に渡るため、数値の分析手法や物事の考え方について、さまざまな視点を得ることができます。それはそのまま、どのような学問にも応用できますし、実業にも応用できます。卒論の執筆にあたっては、公認会計士の勉強で得た知識を存分に利用しました。

このように、商学部や経済学部といった会計専攻ではありませんでしたが困ることもありませんでした。

受験勉強は社会でも役立つ

公認会計士試験の受験勉強は、会計や経理実務の知識はもちろん、会社法などの法律的な視点や、文章力に至るまで、社会での汎用性があるものばかりです。受験勉強は、大量の情報のインプットとアウトプットを繰り返すことになりますが、これらの経験は社会に出てからも実務で大いに役立つものです。

試験に合格した後、監査法人に就職すれば、さまざまな企業を訪問することができます。そこから、さらに広い視野で物事を考えることもできます。「どのような仕事に就けばいいかわからない」「何をしたいかわからない」という学生は多いと思いますが、とりあえず公認会計士を目指してみる、という選択も悪くないと思います。

一生自力で食っていくために取得した公認会計士の資格で、本当に一生食えるかは、まだ人生が続いているのでわかりません。ただ、21歳で試験に合格してからこの本を執筆している、いまに至るまでの30年弱は食うに困ったことはありません。

公認会計士になるにあたって、これまでの経歴や学部はまったく関係ないといっても過言ではないでしょう。実際にさまざまなバックグラウンドを持った公認会計士が活躍しています。大学は異なりますが、地理学科出身の公認会計士の先輩もいますし、元プロ野球選手の方もいます。そうそう、私が一緒に会社を作った公認会計士は音大出身です。

学生時代に勉強を始める方が多いものの、社会人になって公認会計士とは関係ないような経験を積んだ後に公認会計士試験の勉強を始める人もいます。専門学校には、さまざまな年齢の方が勉強しに来ています。勉強を開始する時期も関係ないでしょう。

余談ですが、専門学校では年の違う方と一緒に勉強することができ、それも他ではなかなかできない経験になりました。専門学校で一緒に勉強した友人とは、いまでもつながりがあり、大学の友人以上に付き合いが深いです。公認会計士の資格はもちろん、受験勉強の過程で得た知識もスキルも友人も、人生の宝物です。

公認会計士を目指す理由は、「勉強をしてみよう」という気持ちだけで十分だと思います。「いままで」にとらわれる必要はなく、「これから」を考えすぎなくても良い、チャレンジする甲斐のある資格だと思いますよ！

2章

公認会計士に合格するための勉強法

—“極める”勉強法を捨て“受かる”勉強法を身につける

2-1 公認会計士試験とは

公認会計士になるためには、まず、国家試験である公認会計士試験に合格しなければなりません。

試験の概要、試験科目、試験時間、配点は次ページの図表をご参照ください。

公認会計士試験は、**「短答式試験」**と（年2回実施）と、**「論文式試験」**（年1回実施）があります。「短答式試験」は、マークシート方式による択一式試験（基本5択）で、4科目あります。「短答式試験」の合格者は、「論文式試験」を受験することができます。「論文式試験」は、論文式による筆記試験で、5科目あります。なお、「論文式試験」は形式上は5科目の試験ですが、「短答式試験」における財務会計論と管理会計論の2科目を合わせて会計学という科目名を使用しているため、実質的に6科目の試験といえます。

よって、公認会計士試験の受験対策として、実質6科目を学習することになります。

公認会計士試験は、**受験要件（受験資格）はありません**。そのため、高校時代から勉強し、10代で合格する人も現れています。

◆試験の概要◆

	短答式試験	論文式試験
実施時期	第Ⅰ回：12月上旬 第Ⅱ回：５月下旬 （いずれも１日のみ）	８月下旬 （３日間）
試験形式	マークシート方式による 択一式試験	論文式による 筆記試験
合否判定	○４科目の総点数で判定 ○総得点の70％が基準 ※１科目につき、満点の40％を満たさない場合等は不合格	○５科目の総点数で判定 ○52％の得点比率が基準 ※１科目につき、満点の40％を満たさない場合等は不合格
その他	短答式試験合格者は、以降２年間の短答式試験が免除	不合格者の中で、一部の科目で相当の成績を得たと認められた場合は、以後２年間の科目免除が可能

◆試験科目・試験時間・配点◆

試験	科目	時間	問題数	配点
短答式試験	財務会計論	120分	40問以内	200点
	管理会計論	60分	20問以内	100点
	監査論	60分	20問以内	100点
	企業法	60分	20問以内	100点
論文式試験	会計学	300分	大問５問	300点
	監査論	120分	大問２問	100点
	企業法	120分	大問２問	100点
	租税法	120分	大問２問	100点
	選択科目 ※下記から１科目選択 ・経営学　・経済学 ・民法　　・統計学	120分	大問２問	100点

（注）いずれも、「令和５年公認会計士受験案内」より。最新情報は、公式発表の受験案内をご参照ください。

2-2 公認会計士試験の合格者数・合格率・合格者に占める女性比率

合格率の推移は、次ページの図表のとおりです。

短答式試験の合格率（短答式試験合格者数／短答式試験受験者数）は15％前後なので、おおよそ7人に1人が合格します。

論文式試験の合格率（論文式試験合格者数／論文式試験受験者数）は35％前後なので、おおよそ3人に1人が合格します。

最終合格率（論文式試験合格者数／願書出願者数）は**10％前後**です。おおよそ10人に1人が合格する試験です。

かつて（2007～2008年）、合格率・合格者数を急激に増やしたことがありました。突然3000人前後の合格者が誕生し、大手監査法人の募集定員を大幅に上回ったため、合格者の多くが就職できないという「就職浪人」が続出し、社会問題となりました。その影響があるため、今後、合格率・合格者数が急激に増えることはないと思います。

◆公認会計士試験の受験者数・合格者数の推移◆

年度	短答式試験			論文式試験			最終合格率
	受験者数	合格者数	合格率	受験者数	合格者数	合格率	
2016年Ⅰ	5,479人	863人	15.8%	3,021人	1,098人	36.3%	10.8%
2016年Ⅱ	4,740人	638人	13.5%				
2017年Ⅰ	6,045人	1,194人	19.8%	3,213人	1,215人	37.8%	11.1%
2017年Ⅱ	4,916人	475人	9.7%				
2018年Ⅰ	6,569人	1,090人	16.6%	3,602人	1,294人	35.9%	11.1%
2018年Ⅱ	5,346人	975人	18.2%				
2019年Ⅰ	6,610人	1,097人	16.6%	3,792人	1,337人	35.3%	10.7%
2019年Ⅱ	5,604人	709人	12.7%				
2020年Ⅰ	7,245人	1,139人	15.7%	3,719人	1,335人	35.9%	10.1%
2020年Ⅱ	5,616人	722人	12.9%				
2021年	9,524人	2,060人	21.6%	3,992人	1,360人	34.1%	9.6%
2022年Ⅰ	9,949人	1,199人	12.1%	4,067人	1,456人	35.8%	7.7%
2022年Ⅱ	9,870人	780人	7.9%				
2023年Ⅰ	11,401人	1,182人	10.4%	—	—	—	—
2023年Ⅱ	10,430人	921人	8.8%				

出所：公認会計士・監査審査会公表データを元に筆者作成（2023年10月時点）
※2021年は新型コロナウイルス感染症拡大などを踏まえて短答式試験は１回のみの実施

ただし、この数年、合格率に大きな増減はありませんが、受験者数が右肩上がりに増えており、合格者数も比例して増えています。監査法人は慢性的に人員不足であるため、現在は、合格者が就職できないという就職浪人問題はほぼ解消されています。

なお、税理士試験は、この数年、受験者数が減少傾向にあります。２０１４年から２０２０年までの7年間で受験者数が４割弱も減少しました。税理士試験が敬遠される理由は、税理士業界の高齢化、時代錯誤の丸暗記試験、科目合格制を採用しており全科目合格まで長期に及ぶこと、将来ＡＩに仕事が奪われる可能性が高いといわれていることなどではないかと思います。

また、**近年は、合格者の「若年化」が進んでいます**。

年齢別の合格者数・合格率・合格者構成比を示した次ページの図表をご覧ください。

２０２２年（令和４年）公認会計士試験では、合格者１４５６人中、10代での合格者が21人（全体の１・４％）、20歳以上25歳未満の合格者が９２９人（63・８％）と、25歳未満の合格者が全体の約3分の2を占めています。

合格者の平均年齢の公表を始めた２００８年（平成20年）公認会計士試験では、合格者の平均年齢は27・０歳でした。しかし、２０２２年（令和４年）公認会計士試験の合格者の平均年齢は**24・４歳にまで若年化**しています。

◆2022年(令和4年)公認会計士試験合格者の年齢層◆

年齢	願書提出者	論文式試験受験者	合格者	合格者構成比
20歳未満	402人	36人	21人	1.4%
20歳以上25歳未満	8,906人	1,959人	929人	63.8%
25歳以上30歳未満	4,183人	958人	337人	23.1%
30歳以上35歳未満	2,144人	456人	117人	8.0%
35歳以上40歳未満	1,239人	262人	26人	1.8%
40歳以上45歳未満	752人	165人	19人	1.3%
45歳以上50歳未満	473人	97人	5人	0.3%
50歳以上55歳未満	288人	54人	1人	0.1%
55歳以上60歳未満	191人	35人	1人	0.1%
60歳以上65歳未満	108人	23人	0人	0.0%
65歳以上	103人	22人	0人	0.0%
合計	18,789人	4,067人	1,456人	100%

出所：公認会計士・監査審査会HP

◆税理士試験の受験者数・合格者数の推移◆

年度	受験者数	合格者数	合格率
2016年	49,245人	6,498人	13.2%
2017年	45,462人	7,720人	17.0%
2018年	42,063人	5,382人	12.8%
2019年	41,158人	6,395人	15.5%
2020年	36,845人	6,357人	17.3%
2021年	37,673人	6,220人	16.5%
2022年	40,430人	6,732人	16.7%

出所：国税庁公表データをもとに筆者作成

合格者の「若年化」が進んでいる理由は、試験制度の変更によります。

2005年以前の旧試験制度では、大学で2年以上在籍して44単位以上を修得するなどの受験要件がありました。そのため、旧試験制度時代は、大学3年生以降に受験勉強を開始する人が大半でした。しかし、2006年以降の新試験制度（現制度）では受験要件がなくなり、年齢・性別・学歴・国籍を問わず、誰でも公認会計士試験を受験することが可能となりました。そのため、大学入学直後に受験勉強を開始する人が増えたのです。

2022年（令和4年）公認会計士試験では、合格者のうち、「学生」「専修学校・各種学校受講生」が963人（構成比66・1％）、「会社員」が94人（同6・5％）でした。残りの大半は、大学卒業後に無職になった人、もしくは、大学卒業後にいったん就職し、その後、退職して無職になった人だと推測されます。また、この年の合格者の最高年齢は58歳、最低年齢は17歳でした。合格を目指す専門学校に在籍している人は、大学在学中にダブルスクールをしている人が多いですが、年齢・性別などを問わず、また、学生か無職かを問わず、さまざまな属性の人がいます。

なお、2022年（令和4年）公認会計士試験においては、合格者のうち女性比率22・5％でした。**合格者に占める女性の割合は増加傾向にあります**（P51図表参照）。

公認会計士は女性でも活躍できる資格であることは1章で述べたとおりです。今後、女性の受験生・合格者がさらに増えることを期待しています。

◆合格者の女性比率◆

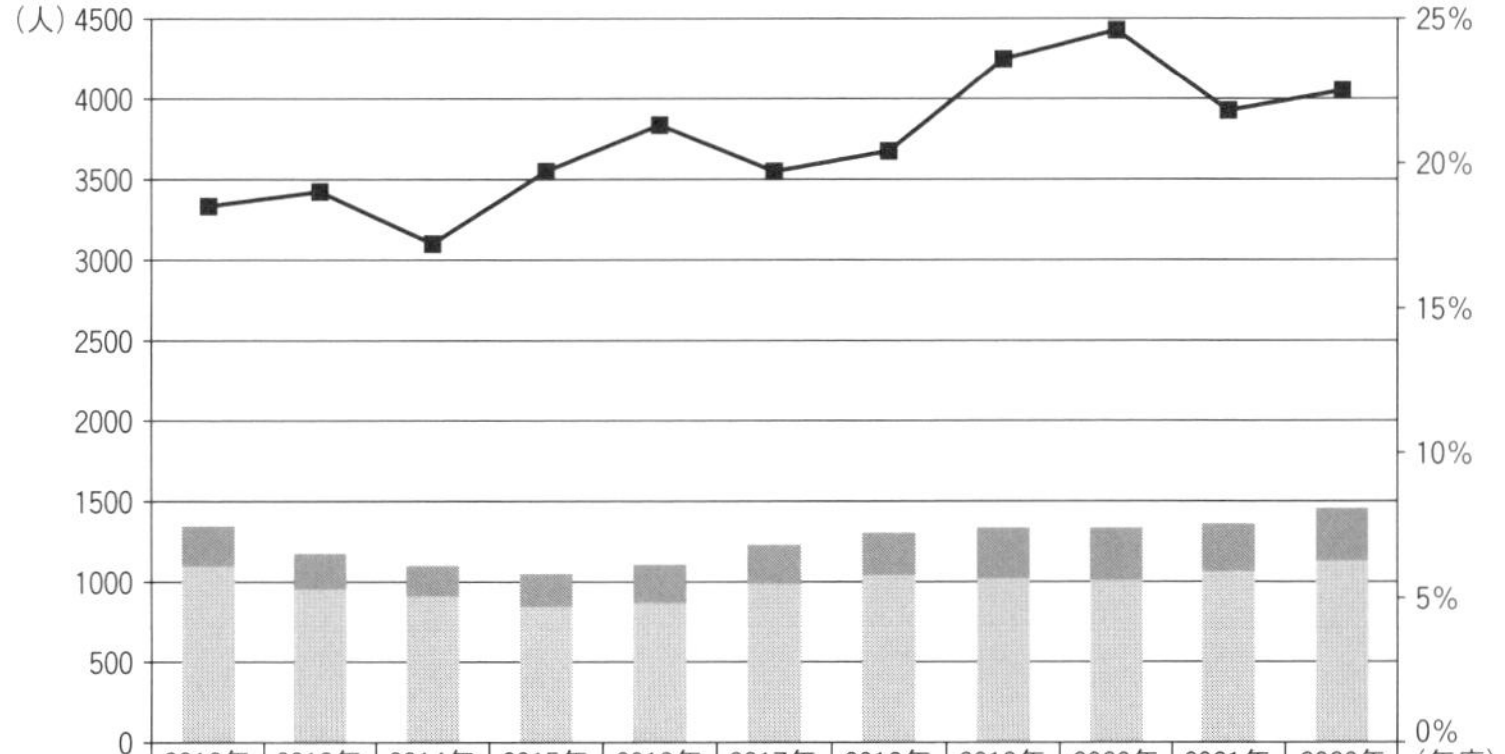

	2012年	2013年	2014年	2015年	2016年	2017年	2018年	2019年	2020年	2021年	2022年
女性	249	224	189	207	236	242	266	315	328	297	327
男性	1,098	954	913	844	872	989	1,039	1,022	1,007	1,063	1,129
女性の割合	18.5%	19.0%	17.2%	19.7%	21.3%	19.7%	20.4%	23.6%	24.6%	21.8%	22.5%

※公認会計士・監査審査会公表の「公認会計士試験合格者調」から作成。旧第２次試験合格者などの短答式試験みなし合格者を含む。
出所：日本公認会計士協会HPより。https://jicpa.or.jp/cpainfo/introduction/cpa_women/about/）

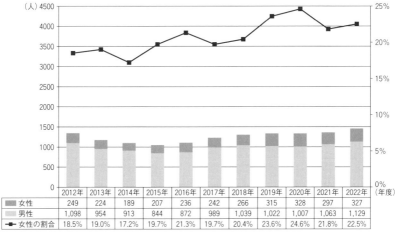

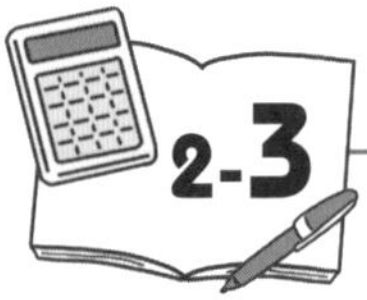

2-3 試験に合格して公認会計士になるまで

論文式試験に合格すると、晴れて「公認会計士試験合格者」となります。

ただし、合格するとすぐに「公認会計士」として登録できるわけではなく、名刺に「公認会計士」と書けるわけでもありません。この時点では、「公認会計士試験合格者」という肩書きになり、名刺にも「公認会計士試験合格者」と記載することが一般的です。

公認会計士として登録するためには、公認会計士試験に合格するだけではなく、3年間の**実務経験**と、3年間の**実務補習**を受け、**修了考査**という試験に合格しなければなりません。

実務経験とは、実務の現場で業務を補助しながら経験を積むことであり、監査法人に3年間勤務するか、一般企業で公認会計士の知識に基づく専門業務を3年間行うことが求められています。

この実務経験は、試験合格の前後を問わないため、試験合格前に積むことも可能ですが、一般的には合格後に監査法人などに就職して経験を積み、条件を満たすことになります。

◆公認会計士になるまで◆

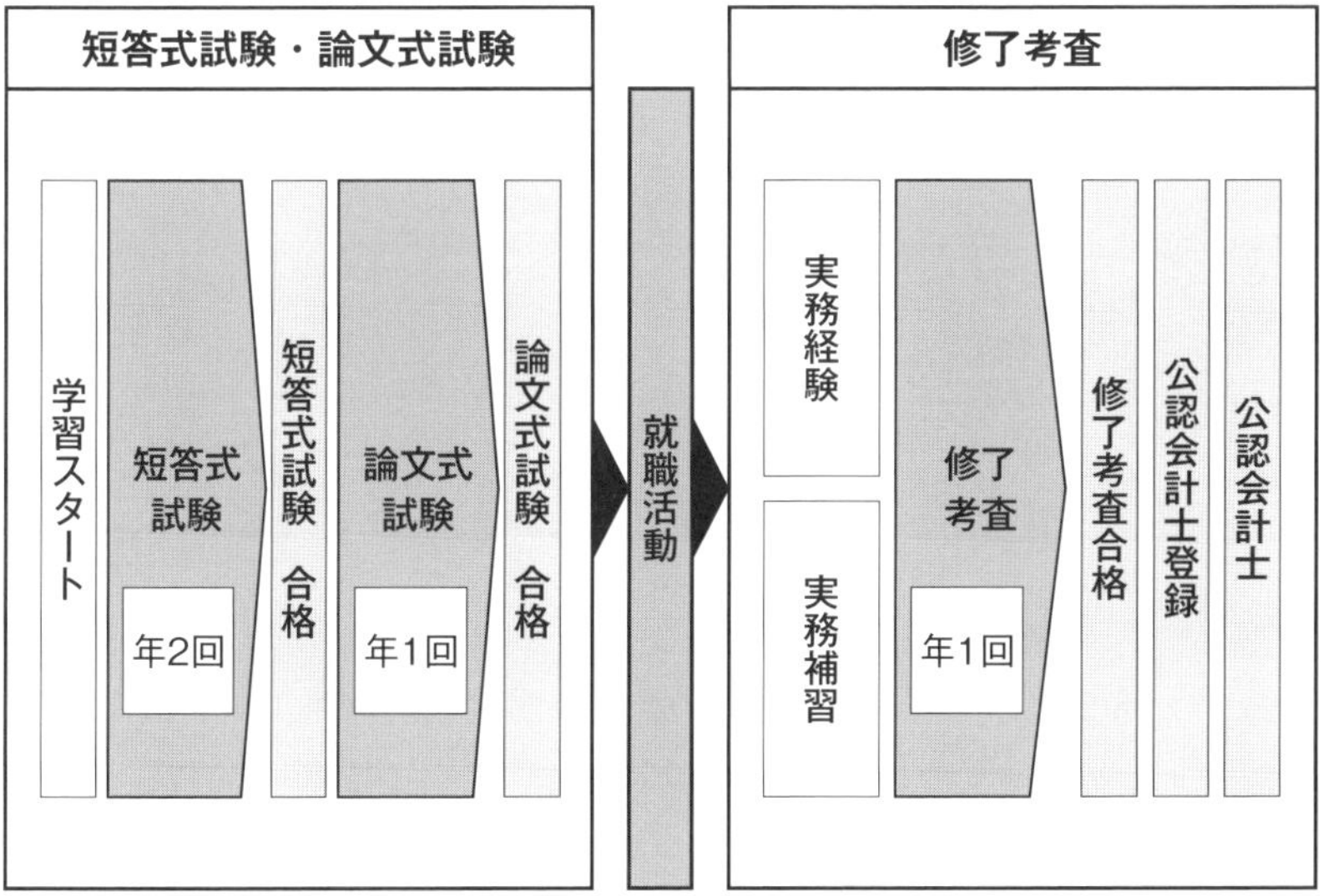

◆受験要件と登録要件◆

公認会計士試験 受験要件	公認会計士 登録要件	
特になし	①実務経験	以下のいずれかの３年以上の実務経験があること（※１） (a)**業務補助**：監査証明業務に関して、公認会計士や監査法人などを補助すること (b)**実務従事**：財務に関する監査、分析その他の実務に従事すること
	②実務補習	実務補習所の講習を受け、単位を取得すること（通常３年間）
	③修了考査	実務補習の修了試験に合格すること

（※１）2022年５月11日に可決・成立した公認会計士法改正案において、実務経験の期間が「２年以上」から「３年以上」に変更されました。

実務補習とは、公認会計士試験合格後に、一人前の公認会計士となるために必要なより実務的な知識と技能を習得するために受講する座学の研修です。

この研修は、「実務補習所」と呼ばれる場所（日本公認会計士協会の研修室など）で、基本的に公認会計士の繁忙期を除く平日の夜と週末に開催されます。

3年間の単位制を採用しており、必要単位を取得しないと修了できません。合格後3年間は、仕事をしながら、実務補習所にも通わなければならないので大変ですが、この3年間の実務補習所で、多くの友人ができると思います。

必要単位を取得したら、最後に修了考査という試験を受験します。修了考査に合格することで、実務補習がすべて修了し、ようやく公認会計士の登録が可能となります。

なお、修了考査の合格率は毎年70％前後です。

合格率だけを見ると、公認会計士試験より合格しやすい試験といえますが、修了考査の内容は、公認会計士試験よりも難易度が高く、それなりの「受験勉強」は必要になります。

万が一合格できなくても、翌年再受験は可能ですが、何年も合格できない人もいます。合格できなければ、いつまでも公認会計士の登録ができませんし、監査法人内での昇進・昇給にも影響しますので、一発合格を狙うべきです。

◆修了考査の合格率◆

年度	受験者数	合格者数	合格率
2016年	1,649人	1,147人	69.6%
2017年	1,536人	1,065人	69.3%
2018年	1,495人	838人	56.1%
2019年	1,749人	854人	48.8%
2020年	1,936人	959人	49.5%
2021年	2,174人	1,404人	64.6%
2022年	2,000人	1,392人	69.6%

出所：日本公認会計士協会公表データをもとに筆者作成

2-4 公認会計士試験に合格するための勉強法

公認会計士試験の合格者の大半は、専門学校に通っています。公認会計士試験に合格するためには、膨大な量の勉強をする必要があるので、独学で合格することは極めて困難だと思います。専門学校に通うことは、次のようなメリットがあります。

①教科書、問題集が充実している
②正しい知識を習得できる
③合格するために不可欠な答案練習を受けることができる
④スケジュールを立ててくれる
⑤講師に質問ができる
⑥勉強仲間ができる
⑦自習室を利用することができる
⑧受験、就職に必要な情報が容易に得られる

このようなメリットがあるため、専門学校に「通学」することをオススメします。
ただし、近くに専門学校がない場合や、仕事などの関係で通学ができない場合は、通信講座を受講するのも1つの手です。通信講座であれば、いつでも好きな時に講義を視聴できるというメリットもあります。

代表的な専門学校として、CPA会計学院、大原簿記専門学校、TACなどがあります。合格者数、講師の質、フォロー体制、立地、教育方針などが各社異なりますので、各校のHPやカタログを見るだけでなく、実際に各校を訪問・見学し、雰囲気などをつかんでください。

公認会計士試験に1年で合格する人もいますが、多くの受験生は2~3年かけて合格しています。長期にわたり、膨大な時間をかけて勉強する必要があるため、合格までの全体像を理解し、ゴールから逆算した戦略を立てながら勉強しなければなりません。

難関国家試験だからといって、闇雲に知識をつめこむような勉強をすると、短期合格はできません。

次のページから、多くの受験生とも関わってきた筆者2人の体験をもとにした、合格に向けた勉強法を紹介しますので、参考にしてください。

HIRABAYASHI

目的は合格点を超えること！　学者タイプの勉強法は捨てる

■「合格する人」に共通すること

以前、公認会計士の専門学校で受験指導をしていた時期があり、そこで、たくさんの受験生と出会いました。公認会計士の受験専門学校に通っている方は、年齢も背景もバラバラで、生活スタイルも勉強方法も人それぞれ。合格までの過程も、人それぞれです。

たとえば、難関試験の勉強をする際は、朝型の生活を推奨されることも多いと思いますが、私の経験上、それはあまり重要なことではないと思います。朝型でも夜型でも受かる人は受かるし落ちる人は落ちるのが現実です。

時間の使い方だけではありません。暗記重視の人もいれば理解重視の人もいますし、書いて勉強する人もいれば読むことを中心にする人もいます。

いずれにしても、多くの受験生と向き合っていると、自習室で勉強している後ろ姿を見るだけで、「あ、あの人は合格する」というのがわかるようになります。また、答案練習の採点をしていると、それほど点数が高くなくても、「この人は受かるのではないかな」と感じることがあります。

そして、他の科目の講師に聞いてみると、やはり同じ印象を持っており、実際にその人は合格するということがよくありました。

そう、合格する人の多くに共通する「何か」があるのです。

それは何だと思いますか？

禅問答のような答えで恐縮ですが、その答えは、**「合格する」という強い意志**を持って試験と向き合っているか、ということです。

「気持ちの問題？」と疑問を持たれるかもしれませんが、この「合格する」という強い意志が、あらゆる行動に影響を及ぼす重要な判断軸になります。それが勉強に向き合う後ろ姿や、答案練習の文章にも表れるのです。

合格するには「学者タイプ」の勉強法はNG

また、合格する人と合格できない人は、「合格する」という強い意志の有無だけでなく、「どのように勉強をするか」という点も違いがあります。

公認会計士の試験勉強となると、幅広い知識を網羅的に、きちんと理解したがる受験生がたくさんいます。

テキストを最初から読み、わからないところがあると、わかるまでそこで立ち止まる。

全問正解になるまで先に進まない。

粘り強さは評価されるかもしれませんが、試験勉強において好ましい姿勢とはいえません。

誤解を恐れずいうならば、公認会計士試験では、受験生が理解をしているかどうかは問われません。受験生の意見も理解も聞いていない。

設問に対して、正解とされることを書き、合格点を超えれば、合格です。

しかも、合否を争っているのは、現役の公認会計士でもなければ、学者でもなく、同じように勉強している受験生。受験生同士の出来不出来を争っているのです。

そのため、**学者並みの深い理解も必要なければ、試験にほとんど出題されないような知識を身につける必要もない**ということです。

多くの受験生は、公認会計士試験が難関国家資格の1つであるために、「学者タイプ」の勉強をしなければ合格できないと思っています。

だからこそ、ストイックに勉強する方が多いのですが、そういう人は本試験まで集中力がもちません。本試験を受ける前に集中力が持続できずに、諦めて、専門学校を辞めてしまう人も多いのです。

必要なのは、合格点を超える力

ただし、試験にほとんど出題されないような論点のすべてを無視すればいい、といいたいわけではありません。

重要なことは、**「最低でも合格点を超える」**ことです。

学問を極めなくてもいいですし、1番でゴールしなくてもいいのです。受験勉強という名のマラソンを最後まで走り抜き、どうしたらゴールまで完走できるかを考えなければなりません。

このような話をすると、必ず、「試験に出る可能性が低い部分を理解しないままにして、そこが出題されたらどうするのですか？」という質問をされます。

その答えは、「わかる範囲で考えて書けばいい」です。自分の知識や考え方を総動員して、そこから導き出された答えを書けばいいのです。

仮に結論を間違えて書いてしまっても、そこに至る考え方のプロセスに点数が付くはずです。

難関資格だから、幅広い知識が問われるから、と学問を極める「学者タイプ」の勉強をするの

が重要なのです。ではなく、どうすれば合格なのか、そのために自分はどうするのか、を考えてから勉強すること

文字の綺麗さは採点者の印象を変える

公認会計士試験に受かるための勉強について考える際に、もう1つ、具体的に重要になる点を付け加えておきます。

それは、公認会計士試験は「ペーパーテスト」であるということです。

つまり、答案に書かれた文字で合否が決まるということです。

公認会計士試験は、知識があり、理解しているだけでは受かりません。

答案用紙に、採点者に伝わるように、時間内にまとめることができなければ、理解していると判断してもらえないからです。限られた時間内に答案用紙に表現できるようになることも、「合格のための勉強」なのです。

私の受験指導人生の中では、採点者が頑張らなければ読めないような乱雑な文字で答案を書く受験生もいて、「もうテキスト読まなくていいから、文字をもう少し綺麗に書くよう練習して!」と伝えたこともありました。

採点者も人間です。達筆でなくて構いませんが、読める文字で書かなければ、かなり印象が悪くなります。第一印象が悪ければ、それだけで大きく点が変わることもあるでしょう。

「合格する」という強い意志を持って試験と向き合うというのは、採点者に良い採点をしてもらうための姿勢でもあるのです。

常に考えながら「合格する」ための勉強をする。「合格」が試験勉強の目的であり、「合格」のための勉強こそが試験勉強の正解です。

TAKEDA

挫折を繰り返したからわかる〝受かる〟勉強法

■「学者タイプ」で苦戦した受験勉強

私はもともと「学者タイプ」の受験生でした。

専門学校で朝から晩まで自習し、細かい知識も詰め込んでいきましたが、まったく成績が上がりませんでした。計算科目（簿記、原価計算）は得意だったので、成績が良かったものの、それ以外の暗記科目はさっぱりでした。

本試験の直前に開催される専門学校の全国模試の成績も、毎年合格ラインを超えたことがありません。

受験勉強を始めて3年目、当時の公認会計士試験の合格者数が８００人前後という時期に、専門学校の全国模試の成績が１４００位くらいでした。当時の専門学校は大手が3校ありましたので、全国では５０００位くらいの成績でした。もう、これは受からないと思いました。

当時、私は24歳。

いつまでも父親のスネをかじるわけにはいかないと、父親に「もう受験勉強をやめる。学生生活は終わりにして、明日から社会人になる」と伝えました。筋トレが趣味でしたので、通っていたジムのインストラクターにでもなろうと考えていたのです。

そうしたら、それまで私のいうことにNOといったことのない父親が、初めてNOといったのです。「やめるな。男だったら最後までやり通せ。お金の心配はしなくていい。30歳になってもいいから、受かるまでやり通せ」と。

私の中で、1つの大きな決断をしてから父親に訴えたにもかかわらず、「やめるな」といわれてしまったので、次の日からまた専門学校の自習室に戻る生活になりましたが、開き直って勉強できたことが良かったのか、その年に無事合格しました。

合格を知った時、私は現実を受け入れられず言葉が出ませんでした。

父親は発狂していました。

入門と基礎の内容を熟読して理解する

父親に受験勉強を「やめるな」といわれてから、本試験までは2か月もなかったと思います。その年は「受かりっこない」と諦め、次の年に向けて、もう一度基本からやり直すことにしました。私が通っていた専門学校では、「入門期」「基礎期」「応用期」「直前対策期」と4種類のテキストがあったのですが、「入門期」「基礎期」のテキストだけを読み返すことにしたのです。

当時、試験は7科目ありましたが、簿記と原価計算は得意科目だったためほとんど手をつけず、残りの5科目の「入門期」「基礎期」のテキスト（計10種類）だけを最初から最後まで読み続けました。

一切的を絞らず、一切暗記もせず、ただ理解に徹して読み続けました。

1週間で10種類のテキストを読むことができたので、1か月で4～5回は繰り返し読むことができました。

本番の試験までにやったのはこれくらいです。試験委員対策なんてまったくやりませんでしたし、答練もほとんど解きませんでした。

試験当日も、試験会場にはこの5科目の「入門期」「基礎期」のテキストしか持っていかず、試験問題が配付される直前まで、何度も読み込んだテキストを読み返しました。

すると、その年の本試験は、ほぼすべての問題が「入門期」「基礎期」のテキストから出題されたのです。ただテキストを読み続けただけでしたが、答案をスラスラと書くことができ、その年に合格しました。

運もよかったと思いますが、他の年の本試験も「入門期」「基礎期」のテキストを熟読し理解していれば解ける問題が多いのではないかと思います。

合格するためには、それまでの成績、勉強時間、知識量は関係ないということを体感しました。

平林さんがいうとおり、**「最低でも合格点を超える」**ことが大切であり、学者タイプの勉強法ではなく、**「幅広く基礎を固めること」**が必要だと思います。

「幅広く」といっても、専門学校のテキスト以外の専門書なども読んだほうがいいという意味ではありません。

専門学校のテキストは「最高の教科書」であり、それ以外に手を伸ばす必要はありません。ただし、専門学校のテキストから「的を絞る」のはやめるべきです。与えられた専門学校のテキストだけはしっかりと理解するようにしましょう。

何が出題されるかわからない試験ですから、何が出題されても「最低でも合格点を超える」解答ができるような基礎力を備えておくべきです。

■本試験直前・本試験当日の乗り越え方

本試験の直前になると、専門学校内でテンションやモチベーションが下がっている人、集中力が切れた人、諦めモードになっている人などに出会うと思います。そういう人から遊びや飲みに誘われ、誘惑に負けてしまっている人にも出会います。

本来、本試験の直前（特に本試験1か月前）に一番テンションや集中力を高めなければなりませんが、真逆を行く人がいるのです。

人生を台無しにしたくなければ、そのような人間関係を断ち切りましょう。

また、受験仲間以外の友人・恋人などとの交流・交際も、本試験の直前だけは我慢したほうがいいでしょう。スマホ遊びも断ち切るべきです。本試験の直前だけは「ゾーン」に入るくらいの集中力を維持しながら、最後の最後まで勉強を続けるべきです。

本試験当日も同じです。

試験会場までの道中や、試験会場において、テンションやモチベーションが下がっている人に出会いますが、できるだけ視界に入れないようにし、自分の集中力・緊張感が途切れないようにしなければなりません。

そして、試験開始の直前までテキストを読み返し、試験終了の合図が聞こえるまで力を出し切ってください。

本試験の前日や当日は極度に緊張するかもしれませんが、深呼吸して、なかなか味わうことができないその緊張感を楽しむ心の余裕を持ちましょう。

合格するためには、それまでの成績は関係ありません。

私が受験した年は、専門学校の全国模試で1位だった方が不合格になりました。

当日、試験に勝つか負けるかは、それまでの成績ではなく、当日の集中力、ミスをしない冷静さ、試験終了まで諦めない強い意志、それだけだと思います。

誰よりも集中し、誰よりも冷静さを保ち、最後の最後まで走り抜くだけです。

◆合格する人・できない人◆

合格する人

試験当日に合格ラインを超えるための勉強をする

- ○ 試験に出題されそうなところを的を絞らずに勉強する
- ○ 専門学校のテキストだけを使って勉強する
- ○ 理解することに徹する
- ○ テスト（答案練習）で理解度を確認する
- ○ 本試験当日に集中力のピークをもってくる

合格できない人

「学者タイプ」を目指す

- × 試験に出題されないところまで勉強する（会計の歴史など）
- × 専門書や試験委員の著書まで手を延ばす
- × 美しいノートを作成することに徹する
- × テスト（答案練習）で良い点を取って満足する
- × 本試験前に集中力が途切れる

3章

監査法人への就職
―ピラミッドの底辺の修業時代

3-1 公認会計士試験に合格した後の就職活動

公認会計士試験に合格すると、大半の合格者は監査法人に就職します。

一部の合格者は監査法人以外の会計事務所や事業会社に就職しますが、ごく少数だと思います。

公認会計士は、会計・監査・税務のプロであり、その独占業務である財務諸表監査は非常に奥が深い業務です。まずは監査法人で監査業務をしっかりと学び、公認会計士としての土台を身につけることをオススメします。

また、4章で詳述しますが、「監査的なモノの見方・考え方」を体得することは一生の武器になります。この「監査的なモノの見方・考え方」は、財務諸表監査を経験しなければ身につきません。

監査法人への就職活動は、公認会計士試験（論文式試験）の合格発表後から実施されます。

例年、公認会計士試験（論文式試験）が8月下旬に実施され、合格発表が11月中旬にあります。

◆監査法人への就職活動スケジュール◆

8月下旬	公認会計士試験（論文式試験）
11月中旬	公認会計士試験合格発表
11月中旬	日本公認会計士協会主催 合格者向け就職説明会 監査法人 合格者向け就職説明会
11月下旬	面接期間
12月上旬	内定通知
2月上旬	入社式
2月上旬	新人研修 （ビジネスマナー、PCスキル、監査実務などの研修）
～3月ごろ	～現場での仕事開始

※2022年度大手監査法人東京事務所の場合
※スケジュールは変更される場合があります。最新情報は、監査法人のホームページなどで確認してください。

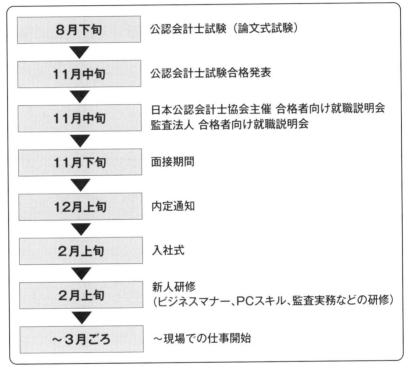

合格発表の数日後から、日本公認会計士協会による合格者向け就職説明会、監査法人の法人説明会が始まります。

また、合格発表前や論文式試験後に法人説明会や懇親イベントなどを行うことがあります。詳しくは、各監査法人のウェブサイト（リクルートのページ）で確認してみてください。

就職説明会、法人説明会の後、各監査法人で採用面接が一斉に行われ、12月上旬には内定通知が出ます。合格発表後の1～2週間は、情報収集や採用面接でバタバタすることになります。

採用面接は、監査法人の事務所ごとに行っていますので、東京事務所での勤務を希望する場合は東京事務所で面接を、地方事務所で勤務を希望する場合はその事務所で面接を受けることになります（入社後に他の事務所に異動することも可能です）。学生合格者も採用を行っていますが、卒業までの期間は非常勤雇用による契約となります（給与は時給で支払われることになります）。その間は、学業を優先することも可能です。

監査法人の内定が出てから、入社式まで、約2か月あります。この間に、スーツやカバン、名刺入れなどをそろえなければなりません。引っ越しをしなければならない人もいるでしょう。内定が出てからも、社会人になるための準備として、しばらくはバタバタすることになります。

3-2 監査法人に就職する

2月上旬に監査法人の入社式があり、新たな社会人生活が始まります。

入社後は、約1か月の新人研修があり、社会人としてもビジネスマナー、PCスキルや、監査調書の作成方法などの監査知識・監査実務について学びます。ここでは、専門学校では教わらなかったことを学ぶので、新鮮です。

新人研修期間を終えると、これまで共に研修を受けてきた「同期」とはお別れです。3月ごろから事業部門へ配属され、各クライアントへアサイン（割り当て）され、いよいよ監査の現場での仕事がスタートします。

クライアントごとに数名~数十名のチームを組み、クライアント先（主に本社の経理部門）を訪問して財務諸表監査を実施します。当然、新人の1年間はチームの「下っ端」ですが、先輩がきちんと仕事を教えてくれると思います。

監査の現場に行くことになる3月は、3月期決算会社の期中監査や、期末監査に入る前の残高確認や棚卸立会の準備など、大事な仕事が盛り沢山です。これらも、先輩に教えてもらいながら1つひとつこなしていきます。

4月に入ると期末監査の繁忙期に突入です。

有価証券報告書の表示チェックが終わる6月中旬ごろまで気を抜くことはできません。年間で最も忙しい時期であり、辛い時期であり、緊張感も高まりますが、この時期を乗り越えると、公認会計士試験合格者としても自信と自覚が湧いてくるのではないでしょうか。

財務諸表監査に数年携わると、すべての勘定科目の、すべての監査手続を経験することができます。監査実務については4章で詳述します。

3-3 そもそも監査法人ってどんなところ？

監査法人とは、5人以上の公認会計士を含む者の出資によって、監査を組織的に行うことを目的として、法に基づき設立された法人をいいます。

出資者は「社員」（パートナー）となって監査法人の経営に直接関与し、相互に監視することによって組織の規律を確保することを基本としています。

かつての監査法人の社員は公認会計士に限られていましたが、会計監査には会計・監査の専門家だけでなく、経営、法律、ＩＴ、年金数理などを含めた広範な知識と経験が求められるようになりました。

そこで２００７年の法改正により、公認会計士でない者にも監査法人の社員資格を認める「特定社員」が創設されました（ただし、監査法人の社員のうち、公認会計士である社員が、社員全体の75％以上を占めなければなりません）。

「社員」（パートナー）以外の従業員を「職員」といいます。

「職員」には、公認会計士有資格者（日本公認会計士協会の会員）、公認会計士試験合格者（同準会員）、その他の専門職員（同会員・準会員以外の専門職員）、事務職員が在籍しています。

下の図は、有限責任監査法人トーマツの2023年5月末日時点の人員数を、「第56期業務及び財産の状況に関する説明書類」をもとにまとめたものです。

職員に含まれる、公認会計士は日本公認会計士協会で開業登録完了した者、公認会計士試験合格者は日本公認会計士協会で準会員として登録完了した者の数です。監査補助職員には、監査部門以外の部門に所属する職員とリスクアドバイザリー事業本部に所属する職員も含まれています。

◆監査法人の人員構成◆

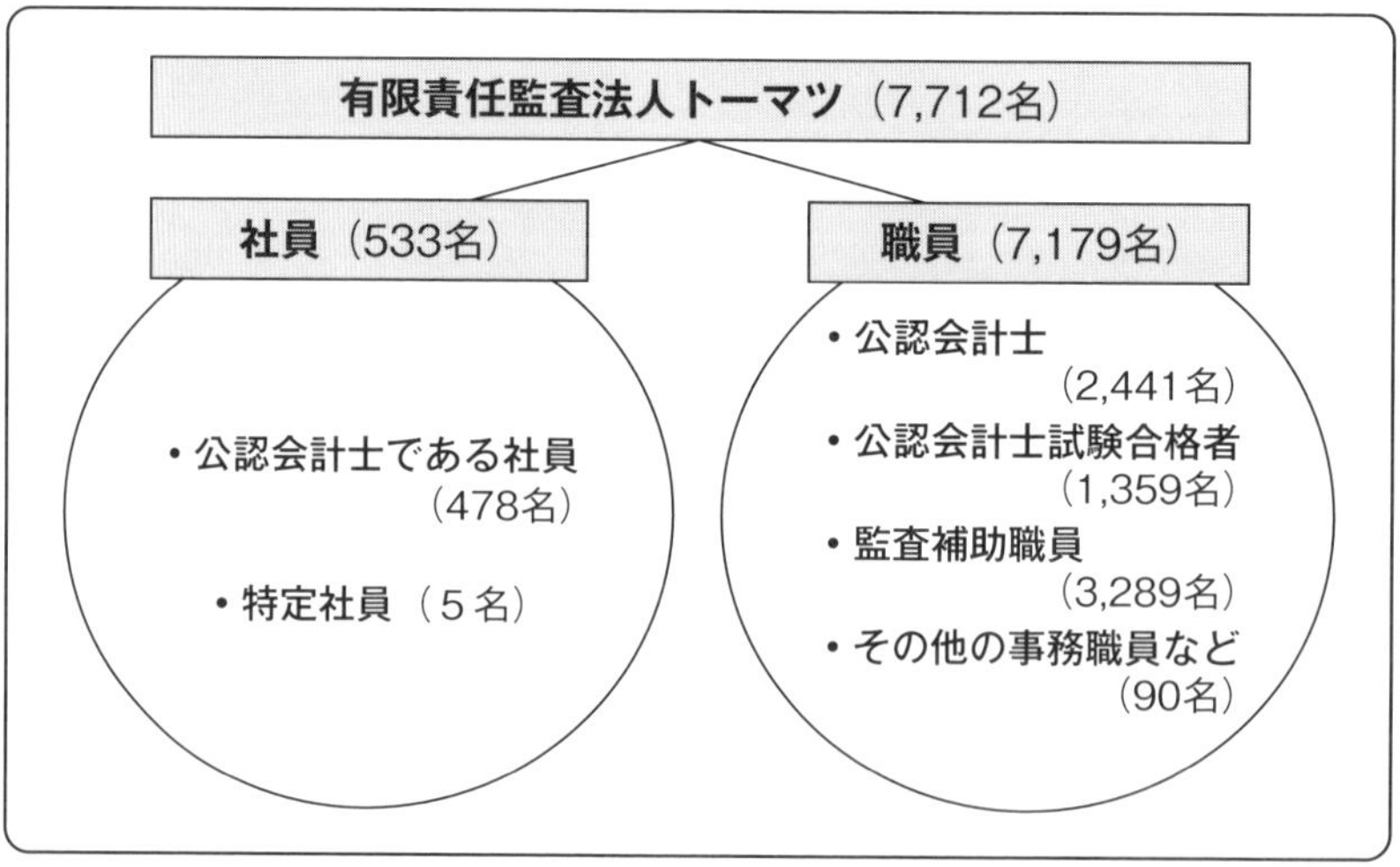

※2023年5月末時点。人員数には、海外駐在員、海外派遣の監査スタッフは含まれていません。

3-4 大手監査法人の組織体制と部署

監査法人は、「監査業務部門」と「品質管理部門」とに分かれます。

一般的に、大手監査法人の「監査業務部門」は、次ページのように会計基準の特殊性や業務の特殊性から、さらに金融部門、ＩＰＯ部門、パブリックセクター部門、監査部門に分かれます。

さらに監査部門は、一般事業会社の監査業務を行っています。多くのクライアントを抱えているので、この部門はさらに「第1事業部」「第2事業部」「第3事業部」……（以下、「各事業部」という。）と部門が細分化されることが一般的です。

かつては、この各事業部にさまざまな業種のクライアントがいましたが、近年は**業種別（セクター別）**に事業部を編成することが主流になっています。商社、製造業、建設業、テクノロジー、コンシューマー、ライフサイエンスといった業種別（セクター別）の事業部を編成することで、セクター特有の会計・監査に関する論点やセクター固有のリスク、ビジネスの動向に関する情報

◆監査法人の組織体制のイメージ◆

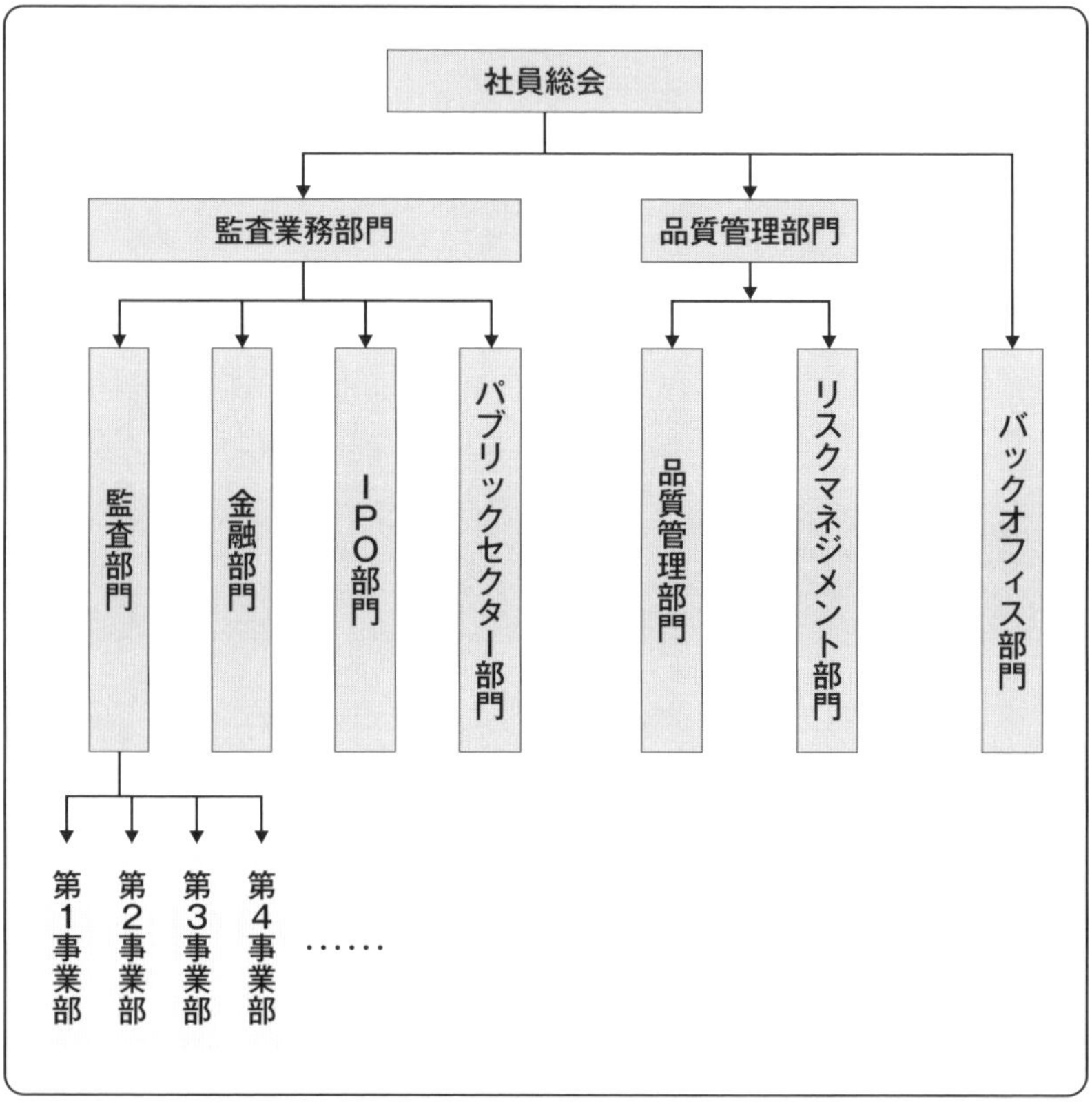

※公認会計士・監査審査会「令和5年版モニタリングレポート」などを参考に、筆者作成。
実際の組織体制、部署名は法人により異なります。

を集積・共有することが可能となり、さらに、業種に精通した会計・監査の専門家を育成することも可能になるというメリットがあるためです。

ただし、業種別（セクター別）の事業編成をすると、監査メンバーが同一クライアントに長期的に関与することになり、個々人のナレッジに偏りが出る可能性があることに加え、監査チームのメンバーのローテーションが難しくなるというデメリットもあります。

たとえば、極端な例ですが、在庫のないＩＴ系の監査だけをやっていると、実地棚卸や工場往査の経験ができません。また、売上数兆円というクライアントに配属されると、そのクライアントの監査を年中担当することになり、他のクライアントの監査を経験できない可能性もあります。

私個人の見解ですが、特定のセクターやクライアントに配属されても、できるだけ多様な業種のクライアントにアサイン（割り当て）してもらい、また、大中小と規模の異なるクライアントにアサインしてもらうことが大切です。自分が仕事をしてみたいクライアントの担当パートナーに直談判すれば、アサインしてもらえることがあると思います。

なお、監査法人の世界は、クライアントも人員も東京事務所に一極集中しています。

たとえば、業界最大手のトーマツの場合、全従業員７７１２名のうち、東京事務所に５５３９

名（71・8％）が在籍しています。大阪事務所は738名（9・6％）、名古屋事務所は385名（5・0％）に過ぎません。全17ヶ所ある事務所のうち、東京・大阪・名古屋・横浜・京都・福岡以外の11事務所は従業員100名以下です（いずれも2023年5月末時点）。

東京事務所とその他の地方事務所は、仕事の内容も、環境も、何もかもが違うと思っておいたほうがいいでしょう。

地方事務所の場合、クライアントや人員が少ないことから、先述したような業種別（セクター別）の事業編成がなされておらず、1つの監査部門に多様な業種のクライアントを抱えていることが大半です。金融部門、IPO部門、パブリックセクター部門などの区別もなく、1つの部門にすべてのクライアントを抱えていることもあります。

そのため、地方事務所で勤務すると、規模、業種を問わず、上場か未上場かを問わず、法定監査か任意監査かを問わず、監査証明業務か非監査証明業務かを問わず、さまざまな仕事に携わるチャンスがあるでしょう。

ただし、時価総額の大きな上場企業の本社は関東に多いため、地方事務所に勤務するとそのような企業に携わることができない可能性はあります。そればかりか、未上場の監査（学校法人の監査など）や、任意監査ばかりに携わり、上場企業の監査に携わる機会が少ないという可能性もあります。

財務諸表監査は、「大は小を兼ねる」という性格があり、規模の大きな会社の監査を経験すれば、規模の小さな会社の監査を実施することは容易《たやす》いものの、その逆はありません。時価総額が1桁大きい企業に行くと、取引量は何十倍、何百倍にも増えます。会計処理も複雑になりますし、会計基準が想定していないような取引に遭遇することもあります。

時価総額の大きな上場企業の監査をすることは、財務諸表監査の土台を築き、公認会計士としてのナレッジ・専門性・経験を高めることになります。

そのため、若いうちに幅広い経験をし、専門性を高めたい方は、東京事務所で勤務することをオススメします。

監査法人に就職活動をする際は、東京事務所で働くか、地方事務所で働くかは、非常に重要な選択になるでしょう。

3-5 大手監査法人、準大手監査法人、中小監査法人の違い

ここまで大手監査法人の東京事務所と地方事務所について述べてきましたが、準大手監査法人、中小監査法人についても見ておきましょう。

日本の監査証明業務を行う公認会計士事務所としての監査事務所として、監査法人（大手、準大手、中小）、共同事務所、個人事務所があります。それぞれの数は次ページの図表のとおりです。

監査法人は、解散や合併により毎年数社が消滅しますが、それ以上の数が新設されており、この数年間は増加傾向にあります。

多くの監査法人が国内にはありますが、そのうちグローバルネットワーク（Deloitte、KPMG、EY、PwCなどの国際会計事務所）に所属している法人は、２０２２年3月末日時点で、32法人しかありません。

◆監査事務所の分類と事業者数◆

監査事務所	事務所数	グローバルネットワークに所属している事務所数
大手監査法人	4	4
準大手監査法人	5	5
中小監査法人	267	（※1） 23
監査法人合計	276	32
共同事務所	54	—
個人事務所	2,077	—
合計	2,407	32

出所：公認会計士・監査審査会「令和５年版モニタリングレポート」
※2022年３月末時点
※大手監査法人・準大手監査法人の定義は、公認会計士・監査審査会「令和４年モニタリングレポート」に従いました
（※1）中小監査法人は海外の監査法人と業務提携を締結している先も含んでいます。

グローバルネットワークに所属している監査法人は、海外展開を進めるクライアントの監査を円滑に実施するために、グローバルネットワークの監査マニュアルなどのノウハウを活用しています。グローバルネットワークに所属していない監査法人（240以上の中小監査法人）は、主に国内のみに事業をしている上場企業をクライアントに抱えているか、そもそも上場企業の財務諸表監査を行っていないと思われます。

大手監査法人・準大手監査法人の売上高についても見ていきましょう。どの監査法人で働くかを考える際、売上高も気になるポイントではないかと思います。

次ページの表のように、業界首位のトーマツの売上高は、準大手首位（業界5位）の太陽の約10倍です。大手と準大手では大きな差があることがわかります。

なお、上場企業の監査法人のシェアは、クライアント数ベースでは、大手が約6割、準大手が約2割、中小が約2割であり、大手・準大手が上場企業クライアントの約8割を抱えています。

時価総額ベースでは大手が9割を占めています。時価総額の大きな上場企業の監査は、大半が大手監査法人が実施しています。

◆大手・準大手監査法人の売上高◆

	監査法人	提携先	事業年度	売上高（億円未満切り捨て）
大手	トーマツ	Deloitte	2023年５月	1,428億円
	あずさ	KPMG	2023年６月	1,117億円
	EY 新日本	EY	2023年６月	1,095億円
	PwC あらた	PwC	2023年６月	609億円
準大手	太陽	Grant Thornton	2022年６月	142億円
	PwC 京都	PwC	2022年６月	67億円
	東陽	Crowe	2022年６月	46億円
	仰星	NEXIA	2022年６月	41億円
	三優	BDO	2022年６月	37億円

※PwC あらたとPwC 京都は2023年12月１日付で合併し、PwC Japanとなります。

◆上場企業の監査法人のシェア◆

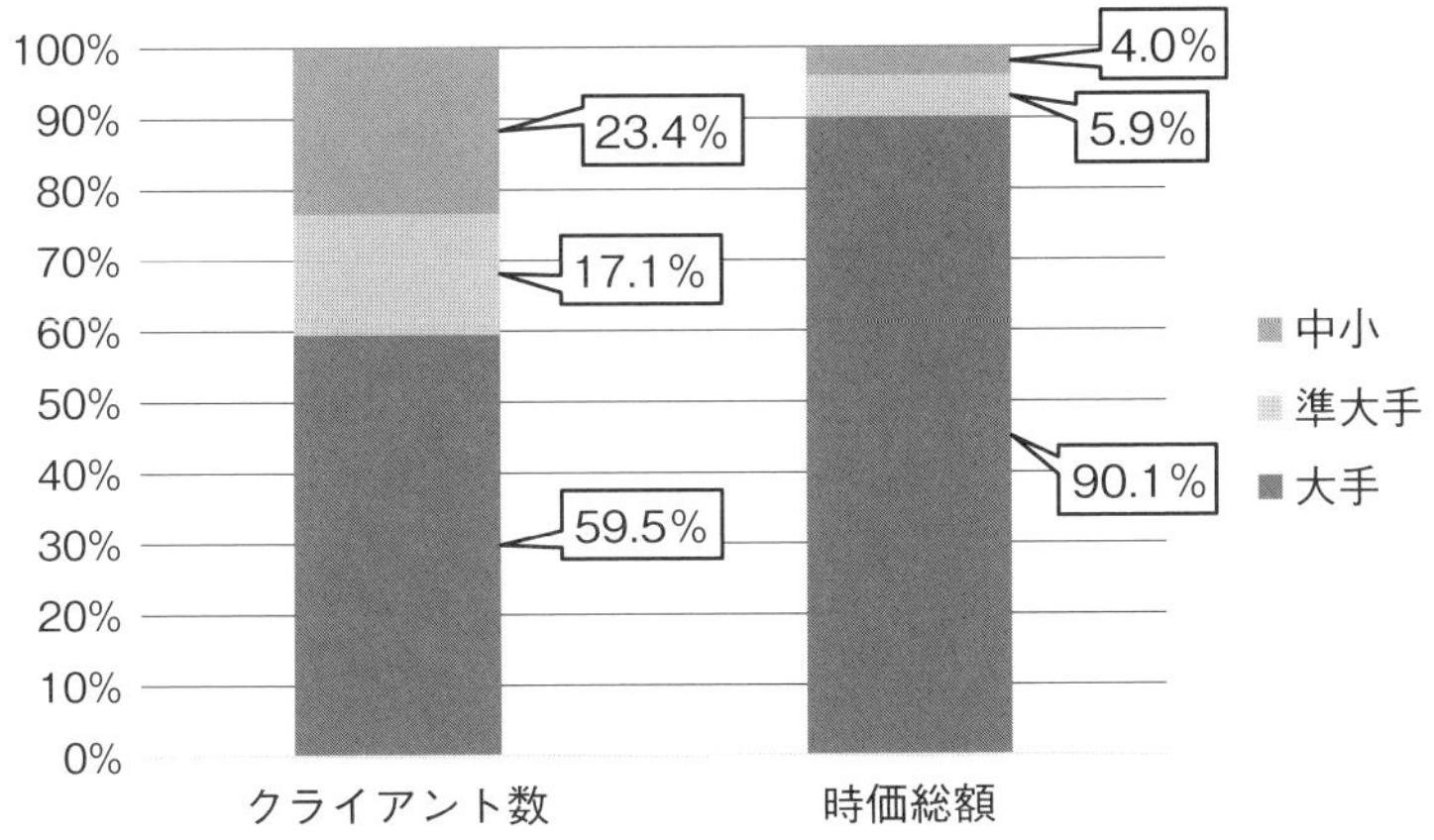

出所：公認会計士・監査審査会「令和５年版モニタリングレポート」をもとに筆者作成
※2022年度（令和４年度）の数値

準大手監査法人は、たとえ東京事務所であっても、大手監査法人の地方事務所よりも規模が小さいと想定されます。そのため、準大手監査法人の場合、大手監査法人のような業種別（セクター別）の事業編成ではなく、1つの監査部門に多様な業種のクライアントを抱えていることが大半です。

さらに、クライアントは、時価総額が小さい上場企業や、未上場企業が多いため、前項で述べたような時価総額の大きな上場企業の監査をすることのメリットを享受できない可能性もあります。

監査法人に就職活動をする際は、大手監査法人で働くか、準大手監査法人で働くかについても、非常に重要な選択になるでしょう。

なお、中小監査法人は、先述のとおり、上場企業の財務諸表監査を実施していない法人が多く、上場企業の財務諸表監査を実施していても、時価総額の小さい上場企業のクライアントを数社抱えている規模の法人が大半です。

そのため、大半の中小監査法人の売上高は、数億円から数千万円程度です。

中小監査法人は、大手監査法人を退職した人が集まって設立するケースが多く、在籍者も大手監査法人のＯＢ（経験者）が中心です。

ほとんどの中小監査法人は、公認会計士試験合格者の新卒採用は行っていません。余程の就職難でない限り、中小監査法人への就職は選択肢に入れなくてもいいと考えます。

繰り返しになりますが、公認会計士試験に合格したら、監査法人で監査業務をしっかりと学び、公認会計士としての土台を身につけることをオススメします。

規模の大きな上場企業の監査を行っているのは、ほとんどが規模の大きな監査法人であるため、上場企業の監査を経験したい場合は規模の大きな監査法人を選ぶべきだと思います。

TAKEDA

挑戦を選び、「日本で最も厳しい部署」を希望して培ったもの

どのように監査法人を選んだか

就職活動において、どの法人、どの事務所を選んだらいいのか、悩む方は多いと思います。

平林さんは、（当時）一番仕事が楽で給料が高いという噂があった太田昭和監査法人（現・EY新日本有限責任監査法人）を選んだようですが、私は逆に、一番仕事が厳しいという噂があったKPMG東京事務所（現・有限責任 あずさ監査法人）を選びました。

私は、公認会計士試験に何度か失敗し、合格したのは25歳でした。

新卒で社会人になった人よりも3年遅れで社会人になったわけです。少なくとも、この3年の遅れは取り戻したいと思いました。

当時、大手監査法人でマネージャーに昇進するのに10年位かかるといわれていたので、これを「5年で達成してやろう！」なんてことを無謀にも考えたのです。

入社1年目、2年目から（雑務ではなく）責任のある仕事をドンドンやらせてくれる法人はあるのだろうかと就職先を調べました。幸い、全大手監査法人の東京・大阪事務所にゼミのOBがいたので、そこで働いているOBに話を聞きに行きました。なかには、先に合格したゼミの後輩もいましたが、彼らにも聞きに行きました。

最終的に、KPMG東京事務所がもっとも仕事ができ、もっとも早く昇進できると確信し、KPMGに入所することにしました。

配属先が自分の希望と違ったからこそ、監査の全体像がつかめた

KPMGには、業界シェアトップという超巨大企業のクライアントが多く、同期の多くがそのようなクライアントへアサインされました。

しかし、私が最初にアサインされたクライアントは名前も知らない中堅企業でした。同期の監査チームは10人、20人という大きなチームです。私がアサインされた監査チームは私を入れてたった3人。

スタートラインから出遅れたと思い、ショックで落ち込みました。

しかし、いま思えば、最初のクライアントが超巨大企業でなくてよかったと思っています。

最初に中堅企業にアサインされたことから、J1（1年生）の時から監査の全体像をつかむこ

とができ、J2（2年生）までにすべての勘定科目の監査を担当することができました。超巨大企業にアサインされていたら、「部分」しか知ることができなかったかもしれません。

とはいえ、監査の現場では、わからないことだらけで、J1のころは泣きそうな日々が続きました。

公認会計士試験であれだけ監査論の勉強をしたのに、実務でどのような手続きをしたらいいのか、監査調書はどうやって作成したらいいのかわからず、クライアントからの質問にも答えられず、途方に暮れることもありました。

先輩も忙しいので、後輩の相手をしている時間がありません。

過年度の監査調書を見て、過去にどのような監査手続をしていたのかを学びながら監査を実施するのですが、私が作成した監査調書を先輩から突き返されたり、怒られたりすることが何度もありました。

この時の悔しさがバネになり、J1の時は、アサインされたクライアントの過去の監査調書を熟読し、すべての監査手続をノートに書き写し、**自分だけの「マイ監査マニュアル」**を作成しました。

平日の仕事が終わった後や、休日も、事務所に行って監査調書を読んでいたため、先輩方から奇妙な目で見られましたが、おかげで多くの先輩と仲良くなれ、その先輩方から多くの仕事を振ってもらいました。

J1の途中から超巨大企業にもアサインしてもらい、再び泣きそうな日々が続きましたが、「マイ監査マニュアル」はずっと役に立ちました。

結局、3年でKPMGを辞めることになりましたが、この3年で死ぬほど働き、多くのクライアントと関わり、多くの優秀な先輩・同期・後輩と働いたことは一生の財産となりました。

何より、**監査実務をひととおり経験でき、「監査的なモノの見方・考え方」を身につけることができたことは、その後の人生において大いに役に立ちました。**

いまでも若手会計士から人生相談・進路相談を受けることが多いのですが、公認会計士である限りは監査法人で監査実務をひととおり経験し、インチャージ（主査）も経験したほうがいいと伝えています。

若くして部下を持ち、チームを束ね、リーダーシップを発揮し、さらに、上場企業の社長・役員・部長と議論したり対峙したりできる仕事は多くありません。

監査法人を早々に辞める人は多いですが、監査法人勤務時代に得られるものは得たほうがいいと思います。

TAKEDA

最初の2年の差は30年埋まらない

■自分の希望は口に出して伝える

私が入所したＫＰＭＧは、上場企業のみならず、公会計のクライアント（各省庁、特殊法人、独立行政法人など）も多い監査法人でした。

監査法人に入所して間もないスタッフは通常、民間企業の監査のクライアントにアサインされるため、公会計に携わることがありませんが、私はＪ１の時から公会計にも興味がありました。

当時、公会計に強いＫさんというマネージャーがいました。

ある日、事務所で仕事をしていたら、Ｋマネージャーが１人でランチに出ようとしていたので、「これはチャンス！」とＫマネージャーを追いかけ、ランチをご一緒させてもらいました。

Ｋマネージャーと話すのはこの時が初めてでした。これを逃すと、もうＫマネージャーと話す機会はないと思ったため、限られたランチタイム（正味20分くらいです）で機関銃のように次のような内容を、食事を忘れて喋りました。

・まだJ1だが公会計に興味があること
・関西から出てきたばかりであること
・「20代は修業の時期」と思っていること
・20代の残り5年で10年分の仕事がしたいと思っていること
・体力には自信があるのでもっと仕事がしたいこと

しゃべるだけしゃべって自己PRをし続けた後に、Kマネージャーからいわれたひと言が、私の人生を変えました。

「武田さんは社会人になってまだ1年目だろ？　これから30年、40年と働くと思うけど、その間にどういう曲線を描くと思う？　1年目と2年目に急激な成長を遂げて、3年目以降はなだらかな右肩上がりとなるんだよ。ほとんどの人がそうだ。だから、**これから2年間の間に、どれだけ高い場所まで行けるかが勝負なんだよ。そこでつけた差は、30年後も40年後も埋まらないはずだよ。**どうだ？　これから2年間、辛いことが多いと思うけど、頑張れるか？」

私は即答しました。

「もちろんです！　どんなことがあっても頑張ります！」と。

Ｋマネージャーは「よしわかった」と答えてくれましたが、だからといってどうするという話はなく、ランチはそれで終わりました。

しばらくして、更新されたアサイン表（担当割当表）を見て、我が目を疑いました。私のアサインに公会計のクライアントがずらっと並んでいたのです。Ｊ１としては異例なことでした。

私は、Ｊ１の時から上場企業の監査のみならず、公会計のクライアントの監査やコンサルを担当するようになりました（その時の話は４章の【実体験エピソード】で述べます）。

社会人になって20年以上が経ちましたが、振り返ってみると、Ｋマネージャーのいったとおりだったと思います。

最初の１～２年にどれだけ高い場所まで行けるかがその後の人生を決めます。

若いうちは体力もあります。多少無理をしても潰れることはないでしょう。私の場合は30代後半から体力的な限界を感じるようになりました。若いうちにロケットエンジンを積んで、一気に大気圏まで飛び上がることが必要ではないかと思います。

◆監査法人におけるファースト・キャリアの重要性◆

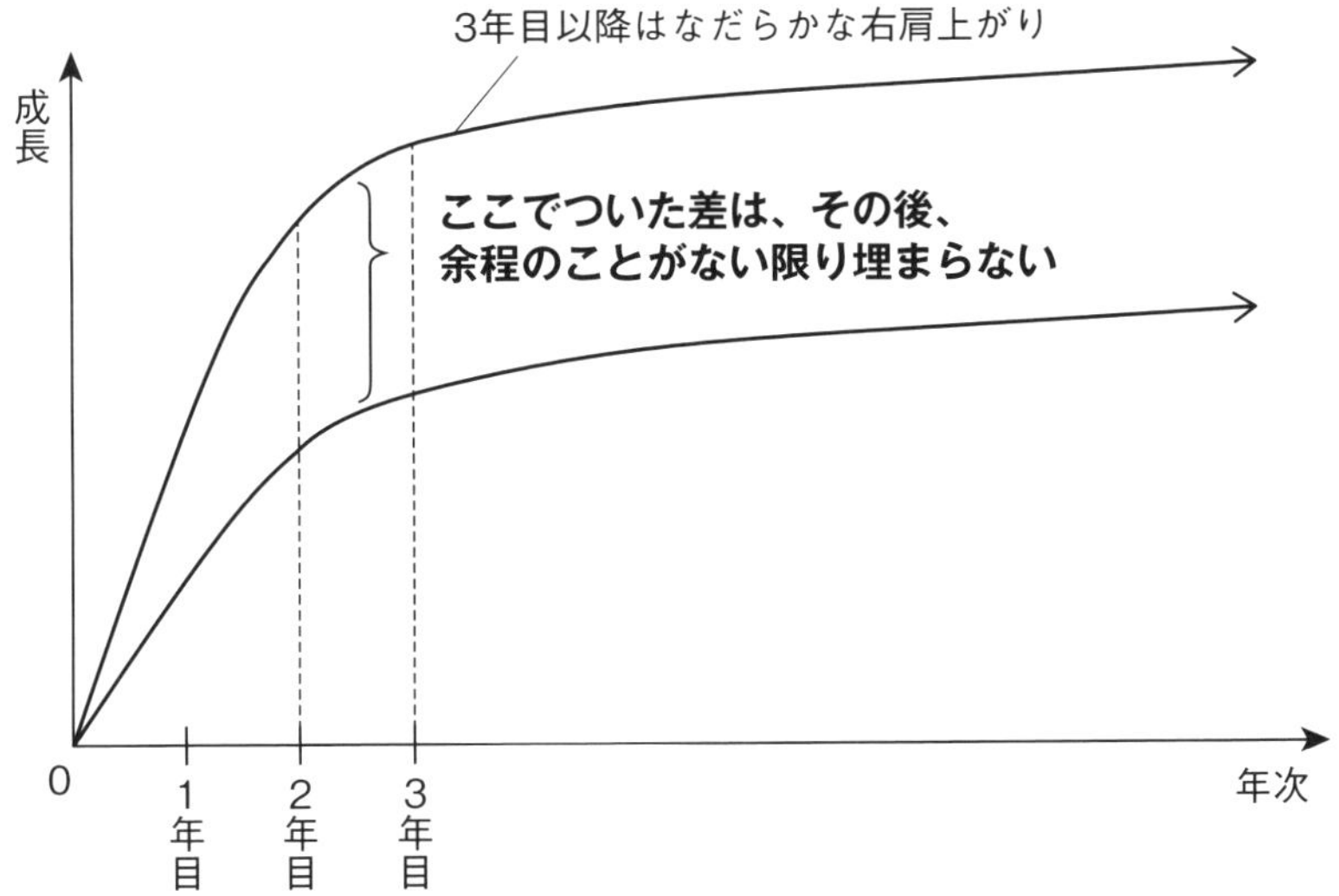

HIRABAYASHI

監査業務に加え副業をしながら過ごした日々

時間の使い方は自分次第

私が在籍していた太田昭和監査法人（現・ＥＹ新日本有限責任監査法人）の部署は、監査のクライアント先に直行直帰で、繁忙期を除けば残業もそれほどない職場でした。実は、そういう監査法人・部署を選んで入所しました（最近は状況が変わっていると思います）。

そのため、監査法人に勤めながら、勤務以外の時間を十分に確保することができ、働き方改革などと声高に叫ばれる前から、副業が（時間的に）可能でした。

当時の就業規則では副業を認めてはいなかったかもしれませんが、勤務に差し支えなければ、とやかく言われることはありませんでした（ここも最近は状況が変わっていると思います）。

私も、監査法人勤務時代、副業として専門学校で教壇に立ったり、教材を作ったりしていました。当時の自宅から徒歩３分のところに専門学校があり、そこで働いていたのです。

大学３年生の時にも、公認会計士試験合格後、大学卒業まで、自分が通っていた専門学校でアルバイトをしていましたが、監査法人への就職の際に、そのアルバイトは辞めました。しかし、監査法人入所後に、再び別の専門学校で働くことになったのです。

専門学校業界も狭いですし、監査法人勤務の身でもありましたので、講師名は芸名？（源氏名？）を使いました。学生時代にアルバイトをしていた専門学校や監査法人に迷惑をかけないようにも配慮しましたが、少々迷惑をおかけしたのではないかと思います（ごめんなさい）。

平日の昼間は監査法人で監査をし、平日の夜と土日は専門学校の講師として簿記検定講座と公認会計士講座（監査論）を受け持ちました。

当時、専門学校のスタッフから「そんなに働いてどうするんですか？　家でも買うんですか？」と言われましたが、お金のために働いていたわけではありません。

教えること、教材を作ることがとても好きだったので、副業をして仕事をしていました。ただ、23歳の時に、マツダのユーノスロードスターを現金で購入できたのは、間違いなく副業のおかげですね（笑）。

いま思うと、我ながらよく働いていたと思います。

■監査法人を退職するきっかけ

非常勤の講師業は拘束時間が短く、働きやすい仕事でした。

講師陣には、先輩の公認会計士や大学教授もいたため、さまざまなことを教えてもらいました。また、公認会計士講座の監査論の講師をしていたため、監査法人で監査実務をしながら、専門学校で監査論に関わるという相乗効果で、財務諸表監査のことを実務と学問の両面から深く理解することもできました。

余談ですが、学生時代にアルバイトをしていた専門学校には出版部門がありましたので、書籍を出すという機会も得ました。

私の中では、どちらが本業、副業、ということもなく、監査法人と専門学校というダブルワークの日々を過ごしました。

体調を崩した時以外は、休みがほしいと思ったことはなく、いまになって振り返ってみても、いい経験ができましたし、休みなく働いたことに後悔はまったくありません、

ちなみに、監査法人での監査業務もとても興味深く、好きでした。

「単調な作業でつまらない」という方もいますが、淡々とした書類のチェック作業も、どのような手続きをすればいいのか考える時間も、私はとても好きでした。

何より、他人の懐事情、それも世界中に名前の知れた企業の内情を、容赦なく見ることができる業務です。どのくらいの収入をどうやって得て、何にいくら使っているのか、どのようにキャッシュを回しているのかなど、お金の面から垣間見ることができるのです。これはとても勉強になりますし、他ではなかなかできない経験です。

それなら監査法人勤務を続ければよかったのではないかといわれそうですが、違う点でどうしてもついていけなくなりました。

たとえば、クライアントさんによって監査チームが異なり、それぞれの主査によって仕事のやり方が変わることや、意味もなくダラダラ続く残業、手待ち時間、電話対応などは本当に苦痛でした。しかも、若かりしころは生理痛が重く、コンスタントに出勤をすること自体がとても大変でした。

もともと、3次試験（現在の修了考査）に合格して公認会計士の資格を取得したら辞めようと思っていましたが、そのタイミングで心身ともにバランスを崩したこともあって、予定どおり（?）、監査法人を退職しました。

監査法人を辞める際、あまり不安を感じなかったのは、副業を通じて「仕事はどこにでもあるんだ」と確信できたからです。

監査法人退職後は、コンサルティング会社の経営をしつつ、執筆、講義、講演などをするようになりました。

監査法人時代の副業も含めた経験が、現在に至るまでの活動の基礎力となっていることは間違いありません。

4章

会計監査の素晴らしさ
―"リスク・アプローチ"は20世紀最大の大発見だ！

4-1 監査法人での仕事——1日のスケジュール、1年のスケジュール

監査法人で働き始めると、J1（1年生）、J2（2年生）のころは、大半の方が民間企業の財務諸表監査に携わり、監査業務を学び、公認会計士としての土台を身につけることになります。

上場企業の3社に2社は3月期決算会社であるため、4月、5月が繁忙期となります。

私が監査法人に在籍していた約20年前は、繁忙期は土日も出社することが多く、深夜残業も当たり前でしたが、近年は監査法人でも「働き方改革」が進んでいるため、休日出勤や深夜残業は少なくなったと思われます。とはいえ、繁忙期は業務量が多いため、多少の残業はすることになると思います。

クライアント先に訪問する際は、クライアントより先に出社するわけにはいきませんし、朝礼を実施している会社もありますので、9時～10時ごろに訪問することが一般的です。

クライアント先には自宅から直行することが多いため、自宅がクライアントから近ければ、通勤ラッシュを避けて訪問することができます。

クライアント先では、監査期間中は個室の会議室（監査部屋）を用意してくれていることが一般的です。巨大企業であれば、年間の大半を監査法人が訪問することになるため、監査法人のための常設の部屋があるケースもあります。

クライアント先に訪問すると、経理部門の方に挨拶をして、クライアントの定時退社時刻まで監査を実施します。

ランチは、クライアントの昼休みの時間に合わせて取りますが、12時～13時は飲食店が混雑するため、この時間を避けてランチを取ることもあります。

クライアント先に社員食堂がある場合は、その食堂を利用させてもらうこともあります。社員食堂は他の飲食店より安いことが多いため、利用できれば助かります。近くに飲食店がない場合は、弁当などを宅配してもらうこともあります。

以前は、監査チームとクライアントが一緒にランチをする（そしてランチ代はクライアントが出してくれる）ということが珍しくありませんでしたが、近年は独立性の保持が厳しく求められてきたこともあり、一緒にランチをすることは減りました。仕事が終わってから一緒に飲みに行くという機会も少なくなりました。ただし、禁止されているわけではありませんので、クライアントと親睦を深めるために、一緒に食事に行くこともあります。

クライアントの定時退社の時間で監査が終了すればよいのですが、もし残業が必要となれば、クライアント先で残業をさせてもらうか、オフィスや自宅に持ち帰って残業をすることになります。繁忙期であれば、クライアントも残業することが多いため、一緒にクライアント先で残業をすることも少なくありませんが、監査法人の残業にクライアントが付き合うことのないよう、配慮しなければなりません。

あずさ監査法人が新人会計士に対して実施したアンケートによると、期末に担当したクライアント数は次ページのグラフのとおりで、1~2社という人もいれば、5~6社という人もいたようです。

売上高が数兆円~数千億円という規模の大きなクライアントにアサインされた場合は、1つのクライアントに数週間、べったり張り付くことになりますので、担当するクライアントが1~2社ということになるかもしれません。規模の大きなクライアントにアサインされない人は、5~6社を掛け持つこともあります。

私がJ1の時は、3月期決算に関しては、上場企業4社（売上高数兆円規模1社、数千億円規模1社、数百億円規模2社）と独立行政法人2社の合計6社を担当していました。

上場企業の方が決算発表が早いため、4月~5月中旬まで上場企業の監査をして、それが終わってから6月中旬ごろまで独立行政法人の監査をしていました。

◆新人会計士が期末に担当するクライアント数◆

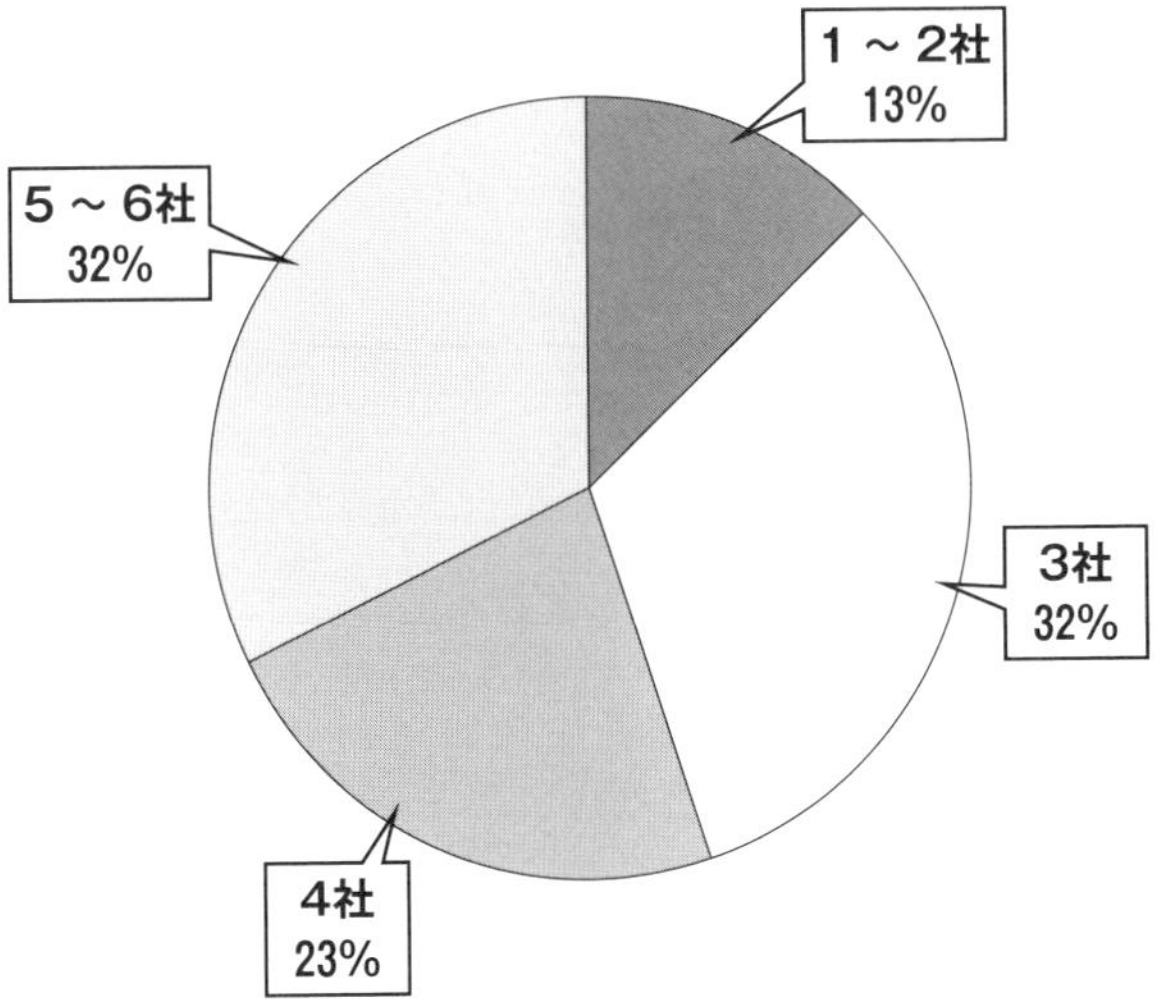

出所：あずさ監査法人 採用パンフレット「AZUSA Walker 就職活動号August 2022」より

4月~5月の繁忙期以外は、3月期決算会社の四半期レビューの時期である7月、10月、1月が繁忙期となります。また3月期決算以外のクライアントにアサインされた場合は、その期末監査や四半期レビューの時期も忙しくなります。

繁忙期以外は、残業をすることは少ないと思います。この期間に各種研修を受講したり、有給休暇を使って長期間のリフレッシュをしたりすることも可能です。

各監査法人は、有給休暇、結婚休暇、産休・産後制度、育児との両立支援などの各種制度を整えていますので、仕事が忙しくて結婚・出産といったライフスタイルが重視できないということはないでしょう（休暇・休業などの制度については各監査法人のサイト、パンフレットなどをご確認ください）。

4-2 監査チームの編成 ―監査はチームで実施する

財務諸表監査は監査チームを組んで実施することが一般的です。

売上高数兆円～数千億円の巨大企業であれば、数十人のチームを組み、それ以下の規模の企業であれば、数名のチームを組みます。規模の小さな企業であれば1人で監査をすることもありますが、新人がその企業を1人で担当することはないと思います。

各チームに、マネージャー、シニアスタッフ、スタッフがアサインされます（監査法人の役職については、1章・P29の図表参照）。

シニアスタッフがインチャージ（主査）を担当することが多いですが、監査法人やクライアントの規模により、マネージャーがインチャージを担当したり、スタッフがインチャージを担当したりということもあります。

よほどの巨大クライアントを除き、同じ年次の同期が同じチームに入ることはありません。

年次の異なるメンバーがチームを組み、先輩から指示・監督を仰ぎ、後輩を指示・監督しながら、監査業務を効率的に進めていきます。

このように監査をチームで実施することにより、先輩からOJTをとおして会計・監査に関する基礎知識や分析能力などを、後輩への指示・監督をとおしてリーダーシップ能力を習得します。さらに、インチャージ業務をとおしてチームマネジメント能力を習得し、クライアントとのやり取りをとおしてコミュニケーション能力を習得することができます。

年次がバラバラの監査チームが1つになり、チームワークで大きな監査業務を成し遂げることにより、チームの一体感や、先輩や後輩との絆が生まれることもあります。

私は監査法人を退職して20年近くが経ちますが、当時の監査チームが再会して飲みに行くこともありますし、当時の先輩や後輩と飲みに行くこともあります。

独立してからも、当時のチームメンバーはかけがえのない同志です。

4-3

監査業務の流れ ——監査はB／S中心

財務諸表監査は、P／L（損益計算書）項目ではなく、B／S（貸借対照表）項目を中心に実施します。前期末の監査で、前期末のB／Sは固まっているため、当期末のB／Sを固めることができれば、その期間のP／Lも固めることができる、という発想です。

B／S項目にもいろいろありますが、新人は「財務項目」（現金預金、借入金、貸付金など）から担当することになると思います。「財務項目」であれば、クライアントの事業内容や事業モデルを熟知していなくても監査を実施することが可能だからです。

「財務項目」の監査をひととおり経験したら、「投資項目」（有価証券、有形固定資産、無形固定資産など）を担当することになるでしょう。

これらの項目もクライアントの事業内容などを熟知していなくても監査

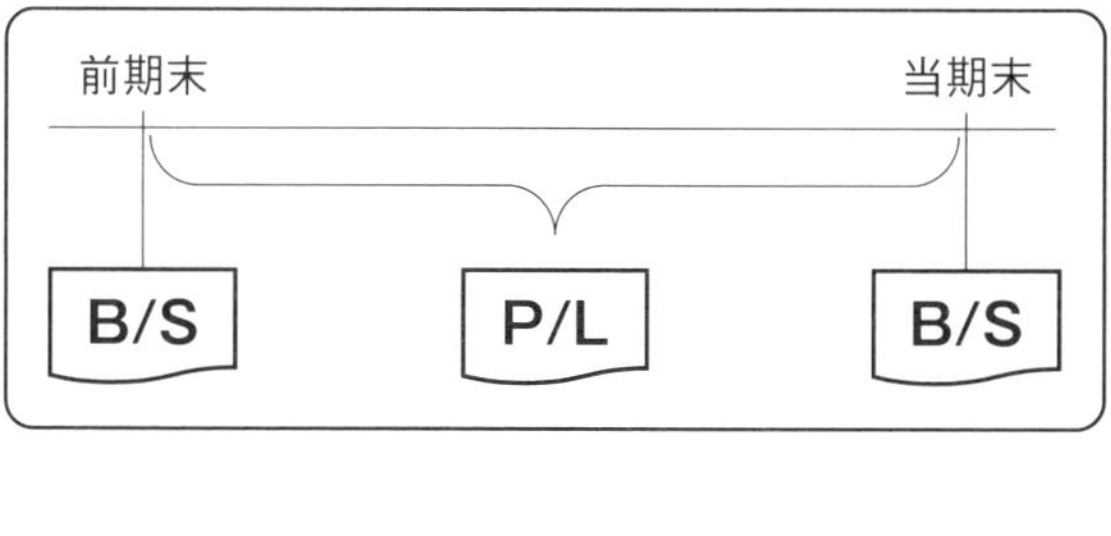

を実施することはできますが、評価の妥当性（評価損や減損の必要性の検討）などの手続きも必要となるため、「財務項目」よりもレベルは上がります。

次に、「営業項目」（売掛金、買掛金など）を担当することになるでしょう。「営業項目」を担当するにはクライアントの事業内容などを熟知しておく必要がありますが、同じクライアントを1～2年担当すれば、クライアントの事業内容などもわかるようになります。

最後に、P／L項目や、税金・税効果関連などの監査を担当すれば、ひととおりの財務諸表監査を経験したことになります。

売上数億円から数十億円のクライアントであれば1年で、売上数百億円以上のクライアントであれば2～3年で、ひととおりの監査を経験することができると思います。

監査の実務は、ざっくりといえば、担当する項目（勘定科目）の監査要点（アサーション：実在性や網羅性など）を立証するために監査手続を実施し、十分かつ適切な監査証拠を入手して、結論づけ、それらを監査調書にまとめることです。

◆新人が担当する監査項目の順番◆

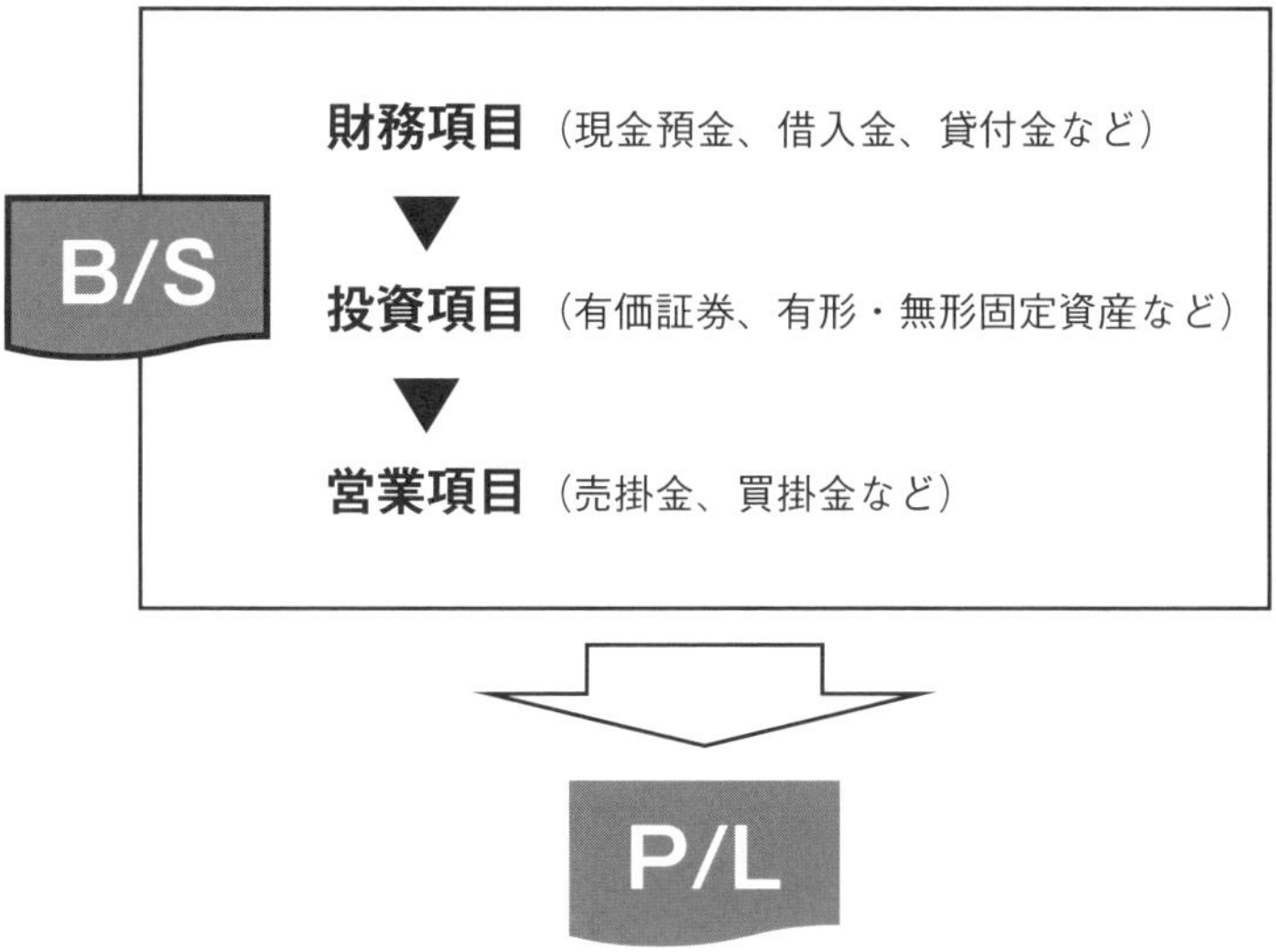

監査調書には、監査する項目ごとに、監査目的（例：預金の実在性の検証）、実施した監査手続（例：口座を保有する全金融機関へ確認状を送付し、回収した確認状の金額と預金残高明細を突合する）、結論（例：預金の実在性は問題ない）を記録します。

監査調書は次のようにさまざまな役割を持つため、監査調書の作成は極めて重要となります。

①実施した監査の全記録である
②監査が適切に実施されたことの証拠になるものである
③次年度以降の監査に利用されるものである
④外部による検査の際に提示するものである

監査手続の実施も膨大な時間を要しますが、監査調書の作成も膨大な時間が必要になります。クライアントの会議室でＰＣに向かって監査調書を作成する時間はとても長く、私はＪ１の時からドライアイになってしまい、それ以降、コンタクトレンズをやめて眼鏡をかけるようになりました。

なお、具体的な監査手続の方法や、監査調書の作成方法は、監査法人入所後の研修で教えてもらえますし、現場に行ってからも先輩が教えてくれますので、ご安心ください。

◆ 監査調書 ◆

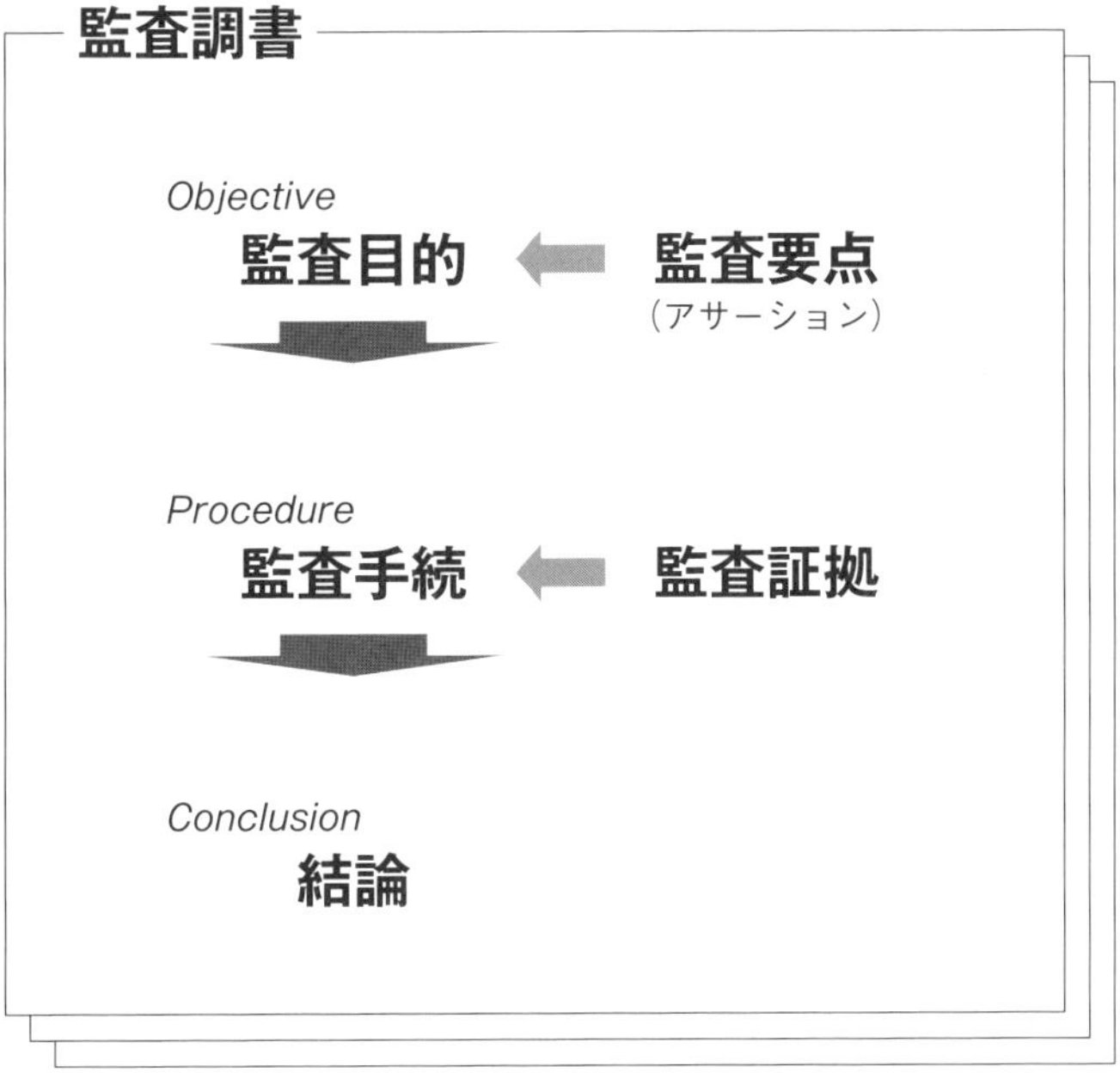
監査調書
Objective
監査目的
監査要点
（アサーション）
Procedure
監査手続
監査証拠
Conclusion
結論

4-4 監査業務はＡＩには代替されない

1章でも述べましたが、公認会計士試験受験生から、「公認会計士の仕事は将来、ＡＩに奪われるのではないか？」「ＡＩに奪われるなら公認会計士は目指さないほうがいいのではないか？」といったことを聞かれることが増えました。

ビジネス誌やネット記事などが、「ＡＩに奪われる職業ランキング」といったものを掲載し、上位に公認会計士、税理士、経理事務員などがランクインされるからだと思います。

そこで、この4章で紹介してきた監査業務をもとに、改めてＡＩには代替されない監査業務について述べたいと思います。

たしかに、一部の定型的で単純な業務はＡＩに奪われると思います。むしろ、そのような業務はＡＩに代替されるべきでしょう。内部向けの書類作成や、チェックリストを埋めるだけの仕事などはプロフェッショナルが時間をかけてする仕事ではありません。

この後の【実体験エピソード】（Ｐ122～）でも述べますが、財務諸表監査は、突合や調書作成といった単純作業ばかりをやっているのではなく、**「考える監査」**が求められ、そこが監査の本質であり醍醐味だと思います。

この「考える監査」というのは、ＡＩに代替されることはないでしょう。

つまり、監査の仕事が完全にＡＩに奪われるということはないはずです。

上場企業の開示の範囲が拡大していく中で、監査業界も業務の範囲が拡大しています。**監査業界は常に人不足**であり、公認会計士試験の合格者をもっと増やしてほしいくらいなのです。現状では、監査の実務でＡＩが担っている部分はごく一部に過ぎず、今後、ＡＩが担う部分が増えてきたとしても、人不足が解消されるほどではありません。

１８１０年代の産業革命時、英国において、機械化により職を失うと恐れた労働者による機械破壊運動が起こりました（ラッダイト運動）。機械化が進んだことにより、ルーチンワークなどが奪われることになったかもしれませんが、経済全体に及ぶ組織的な雇用喪失に至ることはなく、逆に、機械化が進んだことにより新たに生まれた産業や雇用もありました。

ＡＩ化も同様に、ルーチンワークは奪われることになると思いますが、監査そのものが代替され、会計士の雇用が喪失することはないでしょう。

TAKEDA

山籠りの監査で、監査の本質をつかんだ

1年目で経験した山籠りの危機的状況

3章（P94）でも書いたとおり、私はJ1（1年生）の時から公会計にも携わることになりました。J1から公会計に携わることは異例なことでしたが、この監査経験がきっかけで、監査の素晴らしさを知りました。

ある独立行政法人のクライアントにアサイン（割り当て）された時の話です。

このクライアントは、すごい田舎の山の上にあり、最寄駅まで車で30分以上という場所にありました。近くにホテルもないため、法人内の職員用の宿泊部屋を借りて、そこで寝泊まりしながら監査をしていました。

アサインされたのは、J2（2年生）の先輩とJ1の私の2人だけでした。J2の先輩は公会計に詳しい人ではなく、人が足りなくてヘルプでアサインされた人でした。J2の先輩は監査初日から3日間、私は初日から5日間アサインされており、5日で監査を終えなければなりませんでした（つまり、5日連続の山籠りで監査をすることになりました）。

3日目が終わった時点で、J2の先輩は自身の仕事を終えることができず、私が引き継ぐことになりました。先輩が作成途中の監査調書を私に渡し、どこまでの監査手続を終え、どの監査手続が未了なのかを説明してくれたのですが、私はその説明を聞きながら、直感で「こんなやり方をしていたら、あと2日で監査を終えることはできない」と思ったのです。

その夜、私は宿泊部屋で1人、「このままでは絶対に下山できない、大変だ」と頭を抱えました。そのクライアントは、携帯電話の電波が圏外だったため、マネージャーに連絡を取ることもできません。どうすればあと2日で監査を終えることができるのかを1人で考え抜き、結果として、原点に返ることにしました。

公認会計士試験受験対策の教科書にも載っているとおり、財務諸表監査は、**「リスク・アプローチ」**という手法で実施します。

監査の人員や時間などの監査資源が有限であるため、すべての項目に対して総括的に監査を行うのではなく、**リスクが高い項目を重点的かつ慎重に実施し、リスクが低い項目は分析的手続を徹底して行うなど、相当の監査手続を実施します。**

J2の先輩から引き継いだ監査調書を見ると、実施した監査手続はリスク・アプローチに基づいておらず、精査に近いことをしていました。

私は、先輩から引き継いだ監査調書を更新するのではなく、イチからすべての監査手続をやり直すべきだと判断しました。

つまり、先輩の作成した監査調書を捨てることにしたのです。これは、J1の私にとって、かなりの覚悟でした。それから2日間、死に物狂いで、2人分の監査をやり、監査調書を作成し、何とか監査を終えることができました。

■社会人として自信と誇りを感じた

最終日の夕方、マネージャーが東京から数時間かけて田舎の山の上まで来てくれました。私はマネージャーにすべてを報告しました。右も左もわからないJ1の新人が、先輩の監査調書を捨てるという行為は身の程知らずもいいところなので、マネージャーに怒られることも覚悟していました。

「先輩から引き継ぎを受けましたが、先輩の監査手続は誤っていると判断し、先輩の監査調書を差し替えました。より合理的と思う監査手続を実施し、問題ないとの結論を得ました。すべて私の判断で行いました。申し訳ありませんでした」と、マネージャーの前で深く頭を下げました。

しかし、マネージャーは、怒るどころか、満面の笑みでした。

「武田さん、あなたのように自分の頭を使って、考えて監査をする新人を初めて見ましたよ。

自分の判断で合理的な監査手続を選択し、効率的に監査を実施し、結論を出す。マニュアルどお

りにやっていたらできないことです。本当に素晴らしい！」と言ってくれました。

このひと言で、私は監査に対して自信をつけました。自分の考えは間違いではなかったと。私の会計士としての転機となった出来事です。

そのクライアントの近くには飲食店もコンビニもありませんでしたが、宿泊部屋のそばにビールが売っている自動販売機が１機だけありました。

マネージャーはビールを４本買ってくれ、そのうち２本を私にくれました。「さぁー、打ち上げだ！」と、会議室で２人で飲みました。

このビールは美味かったですね。社会人として初めて認められたような気がして、少し自分が誇らしくなりました。

この出来事が監査法人内でも広まり、その後、私はＪ１の時から複数のクライアントのインチャージ（主査）を担当することになりました。

公会計のクライアントでは、公会計を理解しているスタッフが少なかったこともあり、私がインチャージの監査チームに先輩がアサインされるということもありました。Ｊ１の時から大きなチャンスをいただけた監査法人には感謝しています。

「リスク・アプローチ」は20世紀最大の大発見だ！

TAKEDA

監査的なモノの見方・考え方

私は、山籠りの監査の経験から、監査はマニュアルに沿って画一的、機械的にやるものではなく、自分の頭を使って、考えてやるべきだと思いました。

また、監査調書の作成も、前期の調書を写すだけではなく、自分の頭を使って考え、前期よりもいい監査調書をつくるべきだと思いました。

監査マニュアルや監査手続書に沿った監査手続を実施することにフォーカスを当てすぎると、「森」ではなく、「枝」「葉」ばかりを見てしまいます。

特に新人のころは、目の前の仕事を厳密にこなすことに精一杯となり、自分が担当する勘定科目だけを見て、財務諸表全体の動きを見忘れていることがあります。

財務諸表監査では、過去何十年という長い歴史と経験の中から**「リスク・アプローチ」**という監査手法が生み出されました。リスク・アプローチとは、重要な虚偽表示が生じる可能性が高い取引項目・領域に、重点的に監査人員と時間を充ててチェックすることにより、監査を効果的かつ効率的に行う技法です。

つまり、財務諸表監査は、伝票を1枚ずつチェックして、すべての仕訳が正しいかどうかを確かめるという「枝」「葉」を重点的に見る手法を採用せずに、**財務諸表全体を見てリスクが高い所を重点的に見る手法**を採用しています。

この手法のほうが、圧倒的に財務諸表の異常点の発見につながるのです。

私は、このリスク・アプローチが、監査業界における20世紀最大の大発見だと思っています。

リスク・アプローチに基づく監査を実施するため、監査人は必然的に「森」（財務諸表全体）から「枝」（各勘定科目）、「葉」（科目内訳）へと掘り下げていくという**「監査的なモノの見方・考え方」**をしていくことになります。

加えて、「試査」という手法や、「分析的手続」という監査手続を組み合わせて監査証拠を入手し、財務諸表の適正性などを確かめる監査技法も、「森」から「枝」「葉」へと掘り下げていくという「監査的なモノの見方・考え方」をしていくことになります。

「監査的なモノの見方・考え方」とは、別の表現をすれば、大局的、全体的、俯瞰的、鳥瞰的、多面的、長期的、根本的、本質的なモノの見方・考え方ともいえます。

公認会計士（監査人）は、財務分析のプロであり、財務諸表の異常点発見のプロであり、「監査的なモノの見方・考え方」を身につけたプロといえます。

これらの能力を兼ね備えたプロフェッショナルは公認会計士だけです。

■マニュアルどおりではない「考える監査」の面白さ

私は監査の実務においても、監査マニュアルや監査手続書や過去の監査調書をなぞるのではなく、「何のためにその手続きをやるのか」、「違う方法で異常点を発見できないか」を考えてから、監査手続を判断するようにしました。

また、分析的手続（財務分析）を徹底して行い、財務諸表上の異常点・違和感を徹底して洗い出し、調査し、異常点・違和感をつぶしていくようにしました。

異常点・違和感を調査するために、文献を調べたり、経理部以外の部署の方に質問したり、取引先を調べに行ったり、といったこともやりました。もちろん、そのようなことはマニュアルに載っているわけではありませんし、業務時間以外にやったこともあります。

自主的に調査して、エビデンスを集めていったのです。

そうやって、数億円の利益操作を暴いたこともありました。

あるクライアントでは、徹底した財務分析とあらゆる角度からの調査をした結果、債務超過を回避するための利益操作を暴きました。修正を依頼したところ、社長を含む全役員が私の前で、「全社員の生活がかかっているので、今回だけは見逃してください！」と土下座してくるというドラマのようなシーンも経験しました（もちろん、利益操作を見逃すわけにはいかないため、修正してもらいました）。

このように**「考える監査」**をやるようになってから、監査が楽しくなりました。私がインチャージをやっていた監査チームのメンバーにも、「考える監査」を徹底して指導しました。

AIに代替できない「思考力・分析力・判断力」

過去の監査調書を閲覧すると、分析的手続をいいかげんに終わらせて、その他の実証手続ばかりをやっているものが多かったのですが、場合によっては過去と異なる監査手続を踏まなければならないこともあると思います。また、決算の数字は毎期変動し、重要性もリスクも変動するわけですから、過去と同じ監査手続をなぞっていてはダメな場合もあります。

近年、上場企業の不正が後を絶たないことから、監査が厳格化しています。

監査の原点である「リスク・アプローチ」の考え方から相反するのではないかと思われるような細かい監査手続が要求され、それがマニュアル化、システム化されているように感じます。

監査の品質を上げるためには、このような厳格化、細則化は仕方ないのかもしれませんが、「考える監査」をするゆとりがなくなり、「マニュアルに沿ってやる」ことが目的となる監査になってしまってはならないと思います。

「監査はお役所仕事のようで面白くない」と嘆く若手会計士の姿を見ることがありますが、これも監査の厳格化、細則化が1つの原因だと思います。監査人は、「マニュアルを理解し、マニュアルに沿ってそつなく監査をこなせばいい」という考えではダメで、さまざまな状況下における思考力、分析力、判断力が非常に大切だと思います。

上述のとおり、監査の品質を上げるためには、「考える監査」も必要であり、そのためには、監査の現場にはもう少しの（時間的・精神的な）ゆとりが必要だと考えます。人不足が解消し、監査の現場でAIが担う仕事が増えてくれれば、お役所仕事は減り、「古き良きリスク・アプローチ」に時間を割くことができるのではないでしょうか。監査の現場に、そのようなゆとりが生まれることを期待しています。

なお、私は監査法人を退職して20年近くが経ちますが、監査の現場で得た**「監査的なモノの見方・考え方」**は、その後の監査以外のコンサルティングの仕事や会社経営において大きな武器になりました。これから公認会計士を志す方は、まず監査を極め、「監査的なモノの見方・考え方」を身につけてほしいと思います。

5章

監査法人で経験すべきこと
―監査法人での仕事を続けるか、転職・独立するか

5-1 監査法人での勤務年数

すでに述べたとおり、公認会計士試験に合格すると、大半の合格者は監査法人に就職します。監査法人に就職した人のうち、何人が監査法人に残り、何人が転職・独立するか、どこに転職するのかといった詳細なデータはありませんし、その時の経済状況などによって大きく左右されます。

公認会計士、公認会計士試験合格者１０００人以上に行ったインターネット調査の結果を編集した『会計士白書』（２０１９年版）によると、監査法人退職者（過去に監査法人に勤務した経験があり、すでに退職した者）の監査法人での勤続年数は次ページの図表のとおりでした。

２章で述べたとおり、公認会計士登録をするためには、実務経験と実務補習を経て、修了考査に合格しなければなりません。公認会計士試験合格後、公認会計士登録をするまでに、最低でも３年以上を要します。この要件を充たすまでの間に監査法人を退職する人は少数ですが、要件を充たしたら（勤続年数が３年を経ったら）、監査法人を退職する人が多く出てきます。

◆監査法人での勤務年数◆

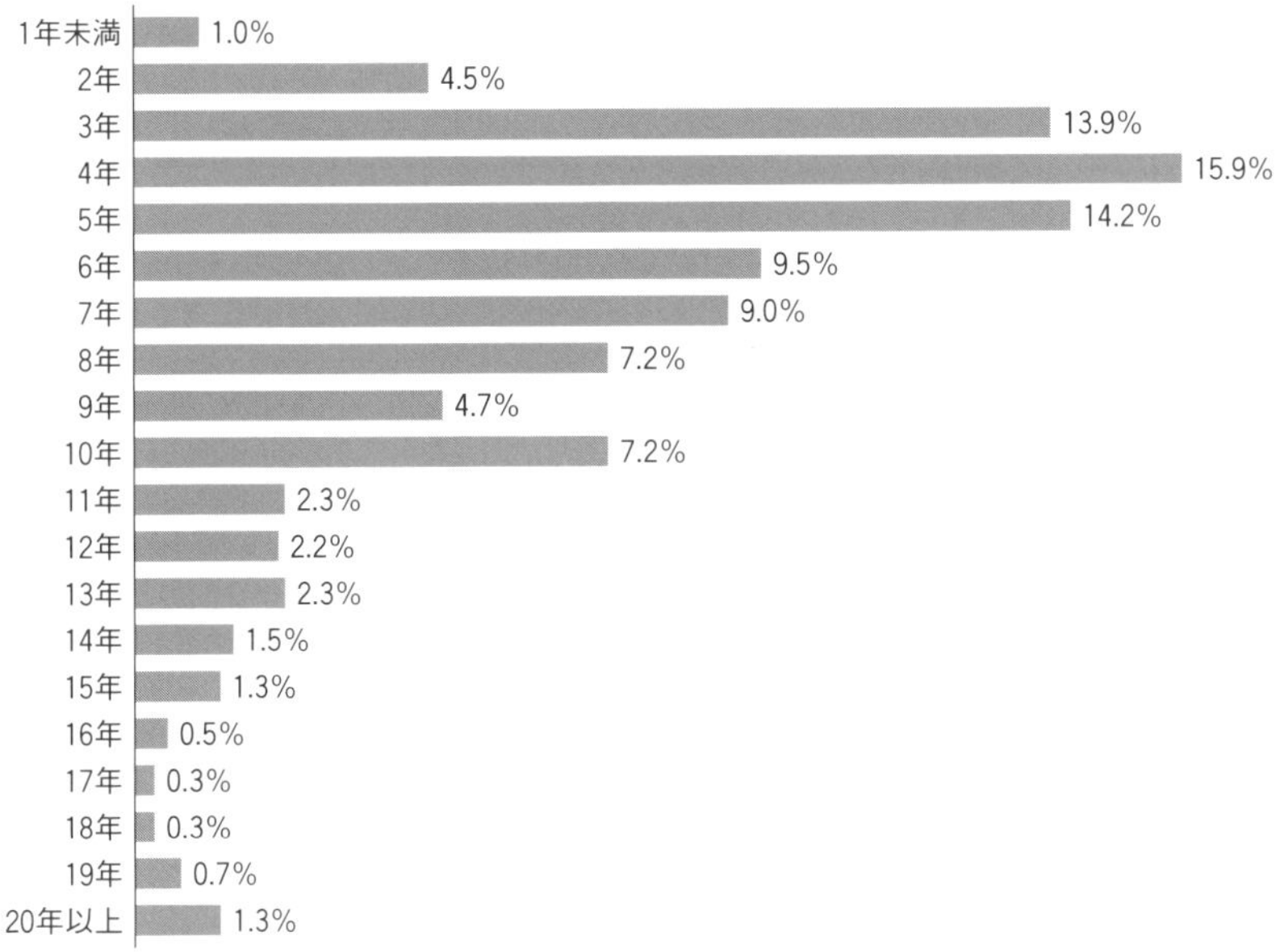

※監査法人退職者（監査法人勤務経験者）598人の監査法人勤務年数（複数勤務の場合は累計年数）
出所：株式会社CPAコンパス『会計士白書』（2019年版）より

公認会計士登録が完了すると、通常、監査法人内ではシニアスタッフに昇進します。シニアスタッフまでは年功序列的に昇進できると思いますが、マネージャー、シニアマネージャー、パートナーに昇進するのは難しくなってきます（人事評価などが良くなければ昇進できません）。

そのため、マネージャー以降の各ポジションに昇進できなかった方や、昇進が難しいと判断した方も転職・退職することがあります。

次ページの【監査法人を辞めた時の役職】のとおり、監査法人退職者の約8割がマネージャーになる前に監査法人を退職しています。

監査法人退職者の理由は【監査法人を辞めた理由】のようにさまざまです。「経験の幅を広げたかった」、「他にやりたい仕事があった」という理由が上位を占めています。年間を通して、どのポジションでも退職をする方は出てきます。一般事業会社でも入れ替わりは多いと思いますが、監査法人も同様です。

なお、私の監査法人勤務時代、同じ事業部・同じグループに配属された10名の同期のうち、マネージャーまで残った人は5名、パートナーまで残った人は2名でした。

残りの人はマネージャー・パートナーに昇進する前に転職・独立しました。転職先は、事業会社、投資銀行、コンサルティングファーム、他の監査法人、独立と、さまざまです。私のように事業会社に転職してから独立した人もいれば、監査法人を退職してすぐに独立した人もいます。

◆監査法人を辞めた時の役職◆

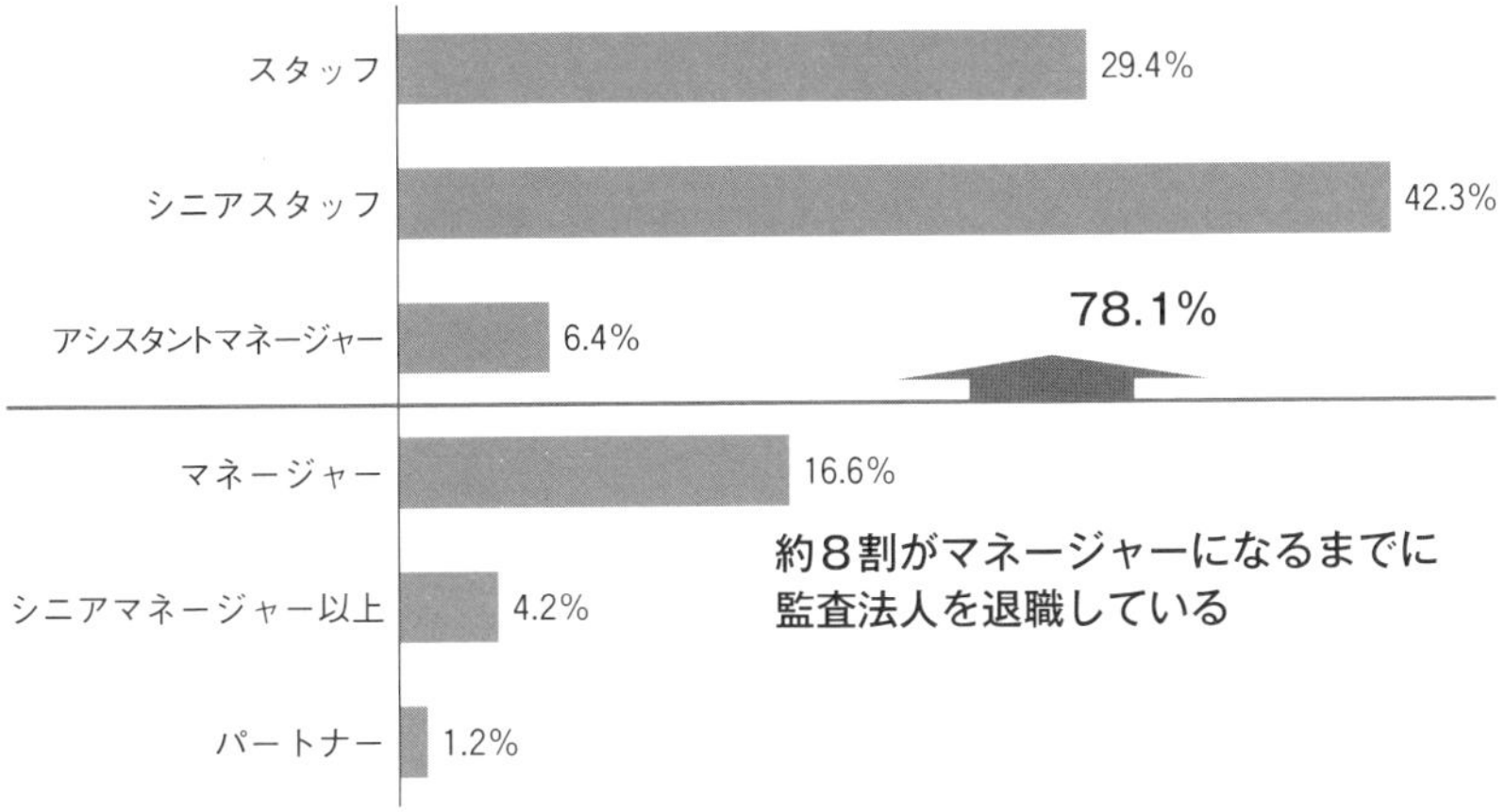

※監査法人退職者（監査法人勤務経験者）598人の監査法人退職時の役職
出所：株式会社CPAコンパス『会計士白書』（2019年版）をもとに筆者作成

◆監査法人を辞めた理由◆

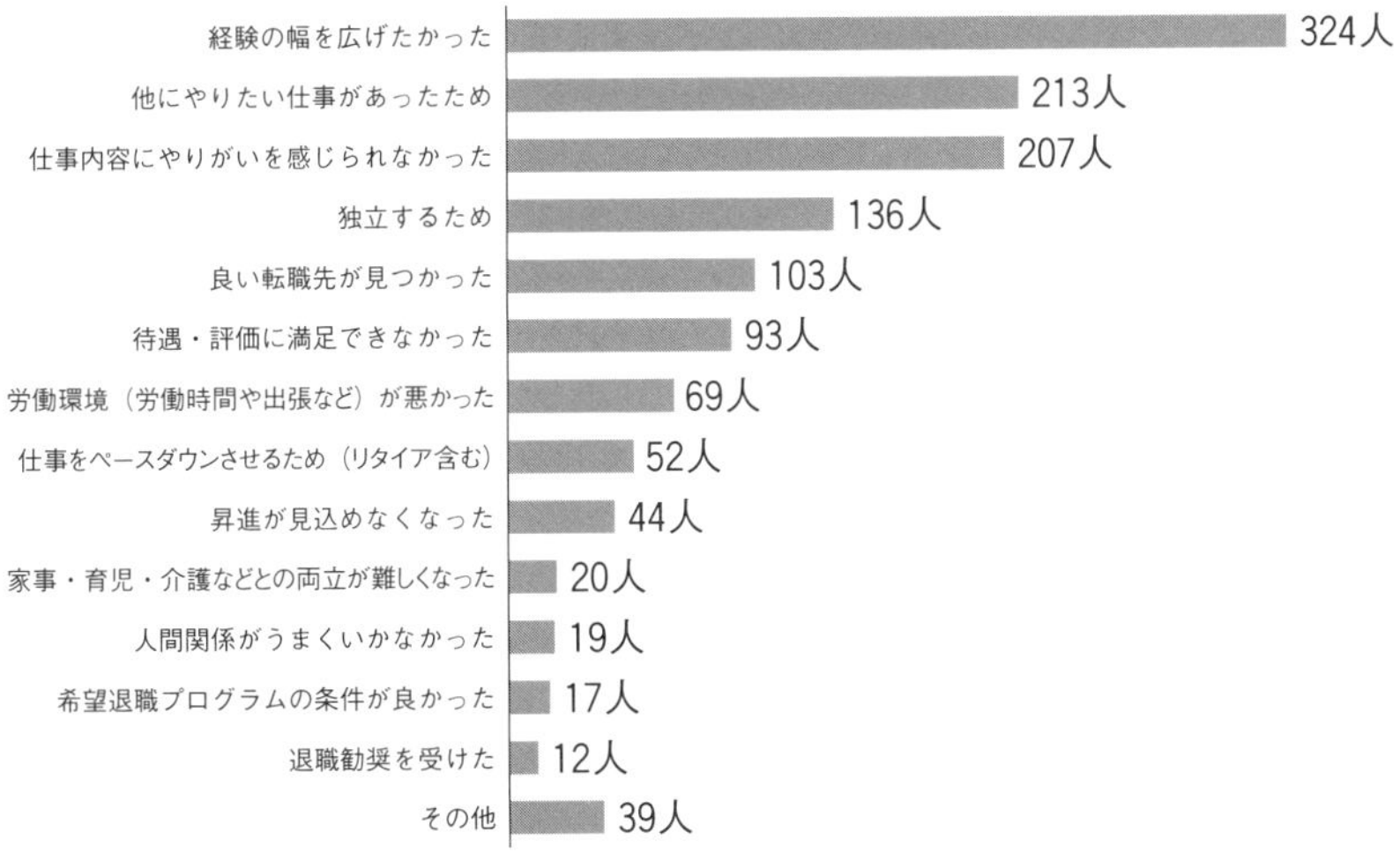

※監査法人退職者（監査法人勤務経験者）598人の監査法人を辞めた理由（複数回答可）
出所：株式会社CPAコンパス『会計士白書』（2019年版）より

5-2 監査法人から享受できるものは享受すべき ――「逃げ」の退職はすべきでない

私は、いまでも、監査法人に勤務する若手の公認会計士から転職・独立の相談を受けることがあります。

転職・独立したい理由はさまざまです。

監査法人でやることはやり切ったので新たなフィールドで挑戦したいというポジティブな理由もあれば、疲れた、しんどい、面白くない、もっと給料がほしいといったネガティブな理由もあります。

私は、ポジティブな理由で転職・独立を考えている人であれば、それがＪ１であっても、Ｊ２であっても、背中を押します。しかし、ネガティブな理由の転職・独立は反対します。

以前、大手監査法人のシニアスタッフの方から相談にのってほしいとの連絡がホームページ経由でありました。

面識のない方と直接お会いすることはほとんどないのですが、その方は監査法人の後輩であり、自宅が近くだったこともあり、お会いして相談にのることにしました。

監査法人を退職し、コンサルティングファームに転職し、コンサルティングの技術・ノウハウも身につけたいと考えているが、この選択は正しいのか、という相談でした。

ポジティブな理由による転職のように聞こえますが、よく聞いてみると、「いまの年収は500万円だが、コンサルティングファームに転職した同期の年収は600万円だ」というのが転職の理由だったのです。

私は、彼にいいました。「監査法人から享受できるものは、すべて享受したのですか?」と。

答えは「いいえ」でした。

勤務している部署に巨大企業のクライアントがあるが、そこに携わったこともなければ、インチャージの経験も少なく、監査実務もすべてを経験したわけではなかったのです。

「年収が500万円から600万円に上がることなんて、10年先、20年先には『誤差』だと思いますよ。そんな目先の利益を追い求めて、監査法人にいないと得られない大きな利益を捨てるのですか。監査実務をすべて経験し、巨大企業のインチャージも経験すれば、自分のバリュー(価値)は600万円どころか、その何倍にもなるはずですよ。隣の芝生は青く見えると思いますが、生き急がずに、監査法人の中で自分のバリューをもっと高めていってはどうでしょうか」というような話を彼にしました。

結局、彼は監査法人を辞めず、シニアスタッフ時代に巨大企業のインチャージを経験しただけでなく、マネージャーになってからも日本国内や海外の事務所を転々としながら、自分のバリューを高めていきました。

あの相談を受けてから10年以上が経ちますが、彼とはいまでも同志としてよく食事をする仲です。定期的に会って情報交換をしていますが、私が彼にビジネスの相談をすることもあります。

繰り返しになりますが、人生の岐路に経った時や、生きる道を選ぶ時に、隣の芝生は見るべきではないと思います。

キャリアは、隣の芝生に飛び込むことではなく、自分の芝生の上に積み上げていくものではないでしょうか。積み上げていったものが、自分のバリューとなり、それがいずれ年収に収斂すると思います。

1章でも述べましたが、自分に1000万円のバリューがあれば、いずれ年収は1000万円になるでしょうし、自分に3000万円のバリューがあれば、いずれ年収は3000万円になるでしょう。

逆にいえば、自分のバリューが低ければ、年収もそれに収斂するはずです。

いまのキャリアを安易に捨てて、すぐに隣の芝に飛び込むことを繰り返すバッタのような生き方をしても、一時的に年収が増えるかもしれませんが、最終的に自分に何も残らない人生になってしまうと思います。隣の芝を見ずに、自分の芝をキレイに刈るべきです。

どんなプロ野球選手でも年収1億円を超えるには数年を要しています。野球をはじめてから数えると10年以上は要しているはずです。

どんな分野でも、その道のプロといわれるまでには10年以上かかります。公認会計士も同じです。焦らず、生き急がず、目の前のことをコツコツとやり、経験や実績を積みかさねていくことが、成功するための最短距離です。

そのためにも、まずは監査法人から享受できるものは享受し、自分のバリューを高めてほしいと思います。その後で、さらに自分のバリューを高める場所が監査法人以外にあるならば、そのタイミングを逃さずに行動すべきでしょう。監査法人で勤務することが自分のバリューアップにつながるのであれば、監査法人の中で上を目指せばよいと思います。

監査法人から得られるものを次ページの図に列挙しています。若くしてこれだけのものが得られる仕事はないと思います。「逃げ」の転職はせずに、監査法人で経験できることをやり尽くし、得られるスキルは得るべきだと思います。

◆監査法人から得られるもの◆

監査法人ならではの経験

- 「監査的なモノの見方・考え方」が身につく
- 財務分析、異常点発見のプロになれる
- 2〜3年目でもインチャージ（現場を管理する立場）になれる
- 多くの上場企業を見ることができる
- 上場企業の役員・部長クラスと対等な議論ができる

▼

身につくスキル

- 会計・開示・税務・経営・IT・監査などの知識
- 分析力
- 問題発見能力
- 論理的思考力
- 決断力
- 判断力
- リーダーシップ力（指導力）
- マネジメント力
- コミュニケーション力
- タイムマネジメント力
- 語学力

TAKEDA

独立を意識するきっかけとなった2冊の本

最初は独立が最終ゴールではなかった

「最初から独立するつもりだったのですか?」と聞かれることが多いのですが、監査法人に入所したばかりのころは、パートナーになりたいのか、独立したいのかという具体的なことはまったく考えていませんでした。

3章（P90）でも書いたとおり、公認会計士試験に合格したのは25歳で、新卒で社会人になった人よりも3年遅れで社会人になったため、この3年の遅れは取り戻したいと思っていました。マネージャーに昇進するまでに10年くらいかかるところを、「5年で達成してやろう!」なんてことを無謀にも考えていましたが、それ以上先のことは考えていませんでした。

独立を意識したきっかけとなったのは2冊の本との出会いでした。

公認会計士試験に合格した後、監査の現場で仕事をするようになってから、（あれだけ受験勉強をしたのに）あまりにも社会の常識を知らなさすぎることにショックを受けました。

監査チームの先輩は、多忙を極めていたり、年下だったりということもあり、聞きたいことを何でも聞ける雰囲気でもありませんでした。そのため、監査法人入所後、本（特に専門書やビジネス書）は乱読していました。

幸いなことに、監査法人に勤務すると、クライアントの本社、支店、工場、営業所などの往査先への移動や、実務補習所への移動など、電車に乗っている時間が多く、1日2時間くらい電車に乗っていることも珍しくありません。そのため、常にカバンの中にはビジネス書を2〜3冊は入れて、移動中はずっと本を読んでいました。少し調べ物をするために買った本も含めると、年間400〜500冊くらいは乱読していたと思います。

「やりたくないこと」から独立を意識した

その中で、神田昌典さんの『非常識な成功法則』（フォレスト出版、初版2002年、新装版2011年）を読んで衝撃を受けました。この本に、「やりたいことを見つけるなら、やりたくないことを見つけなさい」という内容が書かれていたのです。「やりたくないこと」って何だろうと、本に書き込んでいきました。

すると、「スーツを着て仕事をするのがイヤだ」「上司から命令されてやる仕事はイヤだ」「他人にペコペコするのはイヤだ」「出張がイヤだ」など、書くこと書くことが監査法人で仕事をしている限りは避けることができないことばかりだと気づいたのです。

そうやって神田昌典さんの言うとおりに「やりたくないこと」を列挙すると、本当に心の中で

「やりたい」と思っていたことは、組織の中で仕事をすることではなかったのですね。その時、「もう、これは独立するしかないじゃないか」と思ったのです。私が初めて独立を意識するきっかけとなったのがこの時です。

■公認会計士は「不自由人」!?

その後、本田健さんの『ユダヤ人大富豪の教え』（大和書房、初版2003年、文庫化2006年）という本に出会います。この本も読んで衝撃を受けました。

第1章に、「自由人」と「不自由人」の話が出てきます。世の中には「自由人」と「不自由人」の2通りの人間しかいない。そして、「不自由人」の典型で公認会計士と書かれていたのです。

「え!?　なんで!?」と思いました。

公認会計士試験に合格し、監査法人に入所すれば、給料は悪くないし、そこそこ自由な生活が送れるものだと思っていましたので、かなりショックでした。

しかし、本田健さんに言わせれば、収入の多さと自由人かどうかはまったく関係ないというのです。なぜなら、いま収入が多くても、今日仕事を辞めたら、明日から収入がなくなるわけで、日々働き続けなければ生活ができません。

不自由人、つまり公認会計士は「経済的、社会的、精神的に誰かに依存している」「無駄な戦いをやって、ボロボロになって力つきてしまう」とまで書かれていました。

読んで、しゅんとなりました。

しかし、この本を読んで、世の中には今日仕事を辞めても、明日以降も収入が入ってくる人がたくさんいることを知りました。

ちなみに、「自由人」の典型として、レストランオーナー、作家、投資家などが挙げられていました。これを読んで「なるほど！」と唸りました。

『ユダヤ人大富豪の教え』は、直接的に独立・起業を勧めるような内容ではありません。「不自由人」の中でも、実は自営業者が一番自由から遠い人間だと書かれているくらいです。ただ、この本を何度も繰り返し読んで、サラリーマンを辞め、自分でビジネスを作り上げ、「自由人」になろうと決めました。

自分の興味と異なる仕事

監査法人入所から丸3年が経った時、まだ修了考査前でしたが、シニアスタッフに昇進しました。そうすると、従来より幅広い仕事を振られるようになりました。

それは当然のことで、喜ばしいことなのですが、管理職のような仕事が増えていくことに疑問を感じました。特に、監査法人に勤務して3年しか経っていない若造が、部下（後輩）の人事考課をやらされた時は、「これは何かおかしい」と思ったのです。

私は、若い間は現場で修業がしたいと思っていましたが、興味のないマネジメントの仕事（現場以外の仕事）が増えていきました。ほかにもいろいろと人生の転機となるような出来事が重なったため、3年ちょっとという短い期間になりましたが、監査法人を退職することになりました。

ただ、すぐには独立をせずに、もう少し東京で「修業」をしたいと思い、上場企業の財務経理部門に転職することにしました。

出来上がった決算書（試算表）を元に監査をするという監査人の立場ではまったくわからなかった「決算書を作成するプロセス」を学びたかったのです。この話は、次章で述べたいと思います。

HIRABAYASHI

独立するのに必要なことは試験勉強と監査実務から得られる

「経営者の分身」となる経営コンサルタント

私は、独立してから経営コンサルティングの仕事をしています。

コンサルティングをしようと思って独立したわけではなく、結果的にコンサルティング業務に落ち着いた、というのが正しい表現になります。

また、ひと口にコンサルティングといっても、戦略系、システム系など、いろいろな分野があります（詳細は6章参照）。

私が提供しているサービスは、適した名前が見当たらないので「コンサルティング」と称しているだけであり、戦略系やシステム系のコンサルティングとは似て非なるものです。もちろん、違法なことやグレーなことをしているわけではありません。

具体的には、経理業務の一端を担うサービスを提供しているクライアントもあれば、経営者ミーティングに出るだけで何かあった時に相談にのる、というクライアントもあります。

あえて言葉にするのであれば、「経営者の分身」として存在しているという感じです。

設立したてのベンチャー企業に対しては、どこの金融機関に口座を開くか、オフィスをどこに構えるかなど、本来であれば経営者が考えるようなことを考えてあげたり、調べてあげたり、時には契約まで付き添うこともあります。

起業家の多くは、売上の拡大は得意ですが、管理業務は苦手であったり、そこまで考える余裕がなかったりします。そこで、「経営者の分身」として考えて、お節介を焼くのです。

ベンチャー企業の場合は、就業規則や内部統制なども整備されていないことが多いため、その整備をお手伝いすることもあります。

試験勉強と監査実務が独立後も活きる

このような知識や経験は、公認会計士試験の試験勉強や監査実務で身につけることができます。

たとえば、会社設立の相談を受けた時、どのような会社名が可能であるか、資本金はいくらあればいいか、役員は何人必要かなどの会社法上の知識は試験勉強で身につきます。会社法を勉強するだけでも、コンサルタントとしての基礎知識は身につきます。

また、監査実務をとおして、さまざまな企業を訪問したり、拠点を往査したりすることで、ビジネスモデルや経営管理を具体的に学ぶことができます。

監査では、会社のあらゆる書類を閲覧できますから、商取引において、どのような書類を作成し、どのように保管・管理するのかといったことも知ることができます。

それに加え、独立後にベンチャー企業の経理業務を丸ごと請け負ったことで、モノを仕入れて売るなど、企業のお金が入って出ていく様を、まるで自分ごととして体験することができました。実際のベンチャー企業の経営を学ぶことができましたし、経営者が何に悩み、苦労するのかを知ることもできました。そんな経営者に寄り添っていたことが、その後のコンサルティングの原点になっています。

このような経理業務の請け負いなどの経験をとおして、経営コンサルティング業務に落ち着いたというのが実際のところです。

経営コンサルティング業務の土台は、公認会計士試験の勉強や、監査法人での監査業務の経験や、その後の経理業務の経験にあります。

公認会計士試験の勉強や、監査法人での実務経験で無駄なものはなく、その後、どの道に進むとしても役に立つはずです。

自分の経験が経営者の考える〝種〟になる

私は、他のコンサルティングファームが行っているような難しい分析手法は知りませんし、かっこいいプレゼン資料も作れません。

しかし、攻めの得意な経営者が、大事なところで足元をすくわれないようアドバイスをしたり、お手伝いをしたりすることはできます。私自身がアドバイスできない時は、他の専門家の力を借りて、経営者につなぐことができます。

そうやって、「経営者の分身」として存在することにより、経営者に安心と、経営に集中できる環境を提供しています。

経営者は、コンサルタントに売上拡大のための斬新なアイデアなど求めていませんし、私もそれが重要だと思っていません。経営者が得意分野に集中できるようにサポートしてあげたり、話し相手になったりすることが大切だと思っています。

ちなみに、私よりも年配の経営者に向かって「経営者の心得」のようなことを話したことがあります。

我ながら、大変おこがましく図々しいと思いましたが、それでいいのです。

私は私の視点でしか話せませんが、受け取る方々が、それぞれの能力、立場、経験に基づいて、私の話を〝ネタ〟にして、いや、種にして、考えてくれます。

思いもよらないほどの、大きな気づきを得てくれることもあります。

そうやって、経営者とコミュニケーションを取りながら信頼を築いていくことも、コンサルティングの仕事の1つだと思っています。

このようなコミュニケーション能力も、監査法人での実務で、多くの経営者や経理担当者との対話を繰り返すことによって身につけることができます。

6章

公認会計士が事業会社で働く
―組織内会計士、社外役員としての働き方

6-1 監査法人以外での活躍の場

２０１９年版の『会計士白書』によると、監査法人を退職した人のおよそ４人に３人は転職し、およそ４人に１人が独立・起業（以下「独立」）するようです。独立開業しても、それまで働いていた監査法人で会計監査のアルバイト（非常勤職員）をしたり、監査法人から業務委託を受けたりしているケースが多いため、完全な独立・起業をされる方はもっと少ないでしょう。

転職する人の４割超が事業会社で、２割超がアドバイザリー・コンサルティング会社です。他の監査法人や、会計事務所、税理士法人などへ転職する人も少なくありません。公認会計士の活躍の場は広く、公的機関や教育機関に転職する人もいます。監査法人を退職した直後は、監査法人での経験を活かして、財務、会計、税務、監査、経営などの仕事をする人が大半のようです。ただし、それらとはまったく異なる分野で活躍している公認会計士もいます。

本章では、事業会社で働く公認会計士、次章（７章）では独立して働く公認会計士、８章ではまったく異なる分野で活躍している公認会計士について、それぞれご紹介していきます。

◆監査法人退職後のキャリア◆

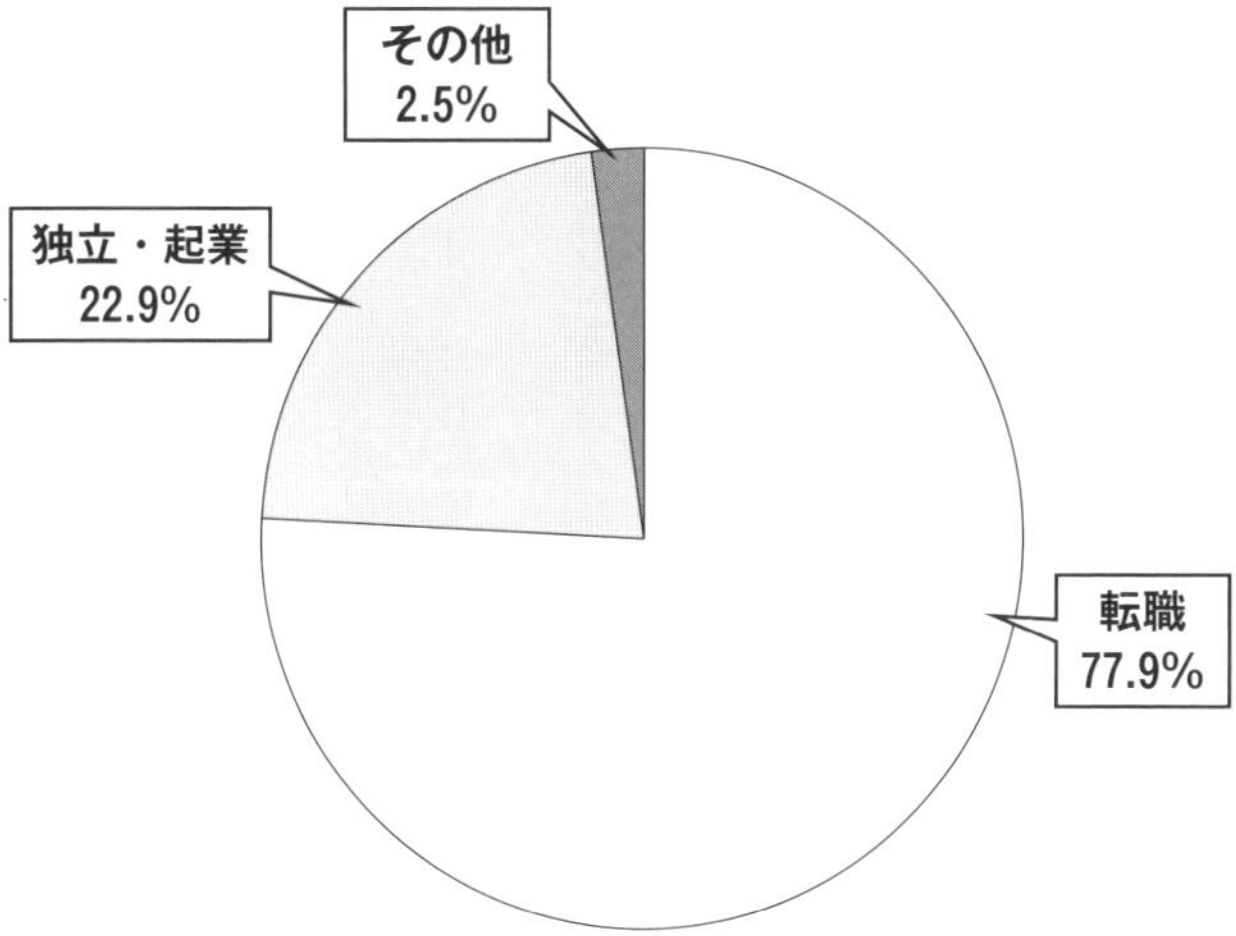

※監査法人退職者（監査法人勤務経験者）598人の監査法人退職後のキャリア（複数選択可であるため、合計が100%を超えている
出所：株式会社CPAコンパス『会計士白書』（2019年版）より

◆公認会計士が活躍する場の例◆

監査法人	大手監査法人、準大手監査法人、中小監査法人
事業会社（金融機関以外）	上場企業、上場企業子会社、上場準備会社、外資系企業、中小企業、ベンチャー企業
金融機関、金融系	銀行、証券会社、生命保険会社、投資銀行、ファンド、VC、CVC
コンサルティングファーム	会計系、M&A系、戦略系、システム系、総合系
公的機関(パブリックセクター) （監査法人からの出向が多い）	金融庁、財務省、証券取引等監視委員会、会計検査院、警視庁
教育機関	大学教授・教員、専門学校講師
独立	コンサル系、税務系、その他
起業、その他	起業、上記以外の仕事（８章参照）

6-2

組織内会計士の勤務先 ——ほとんどが事業会社(上場企業、非上場企業)で勤務する

かつて、監査法人を退職して事業会社に転職する人は、ごく一部でした。私は2004年12月に監査法人を退職し、事業会社に転職しましたが、当時は猛反対されたものです。

2章でも述べましたが、2007~2008年に合格率・合格者数を急激に増やしたことがありました。突然3000人前後の合格者が誕生し、大手監査法人の募集定員を大幅に上回ったため、合格者の多くが就職できないという「就職浪人」が続出し、社会問題となりました。

就職浪人の問題を解消するために、日本公認会計士協会などが、事業会社に就職することも選択肢の1つとして薦めるようになり、事業会社などで勤務する会計士が増加しました。

そして、そのような会計士を**「組織内会計士」**と呼ぶようになりました。

「組織内会計士」には、監査法人、税理士法人及びネットワークファームに該当する法人での勤務者は含まれません。よって、監査法人系のアドバイザリー・コンサルティング会社勤務者は含まれていません。

◆会計士の転職先◆

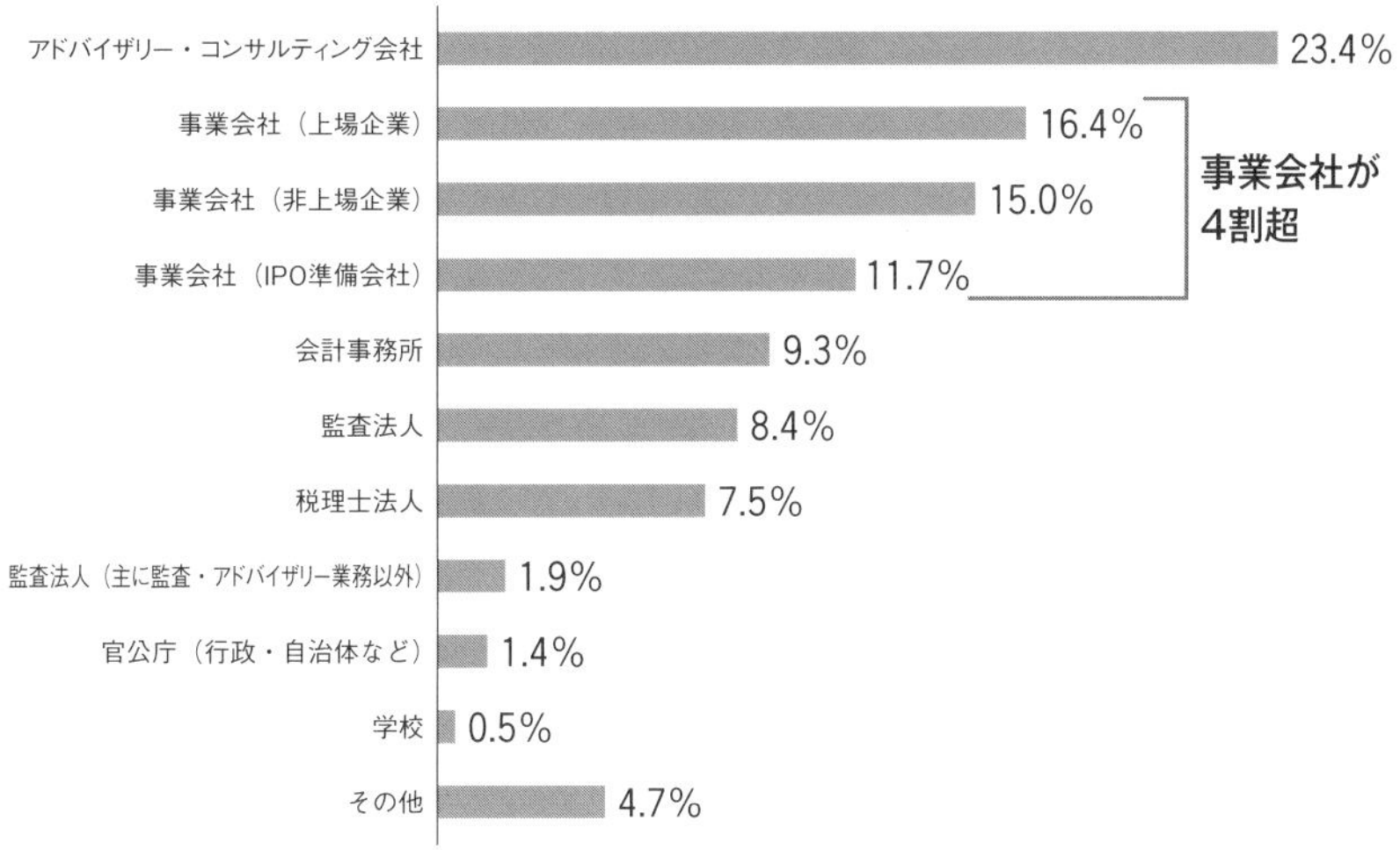

※修了考査（旧３次試験）合格後に監査法人から転職した214人の転職先
出所：株式会社CPAコンパス『会計士白書』（2019年版）をもとに筆者編集

2008年以降も、監査法人で一定程度の実務経験を積んだ会計士の事業会社への転職意識が高いことや、企業側にも実務経験のある公認会計士を採用するニーズがあることから、**「組織内会計士」を普遍化する動き**があります。

日本公認会計士協会の内部には「組織内会計士ネットワーク」という組織内会計士を支援する組織まで組成されています。

なお、「組織内会計士ネットワーク」への入会は義務ではなく任意で、2022年12月末時点で2364名の会員がおり、その勤務先は下表のとおりとなっています。

約半数が上場企業、約4割が非上場企業（つまり約9割が事業会社）で勤務しているようです。

日本公認会計士協会などの、このような動きもあり、いまでは、監査法人を退職して事業会社へ転職する人は増加の一途を辿っているように思われます。

◆日本公認会計士協会 組織内会計士ネットワーク会員の勤務先◆

勤務先	2021年12月末時点		2022年12月末時点	
	人数	割合	人数	割合
上場企業	1,119人	49.30%	1,153人	48.77%
非上場企業	883人	38.90%	957人	40.48%
官公庁（行政・自治体など）	47人	2.07%	48人	2.03%
非営利法人	29人	1.28%	31人	1.31%
教育機関	31人	1.37%	34人	1.44%
その他	161人	7.09%	141人	5.96%
合計	2,270人	100%	2,364人	100%

出所：日本公認会計士協会 組織内会計士ネットワークHP

6-3 組織内会計士の経理財務部門での仕事 ——決算・開示業務を担当することが多い

事業会社へ転職する会計士は、経営者（ＣＥＯ、ＣＦＯ、常勤監査役など）として働く人や、バックオフィス部門の中で経理部門、財務部門、経営企画部門、内部監査部門で働く人が大半です。『会計士白書』（２０１９年版）によると、事業会社へ転職する会計士の約半数が経理財務部門、２割超が経営企画部門に勤務し、内部監査部門やＩＲ部門で勤務する会計士もいます。営業部門や事業開発部門など、バックオフィス部門以外の部署で働く会計士もいるようです。

事業会社での仕事は多岐にわたるため、組織内会計士がどのような仕事をしているのかについては、本書で網羅的・具体的に述べませんが、関心のある方は、組織内会計士へのインタビュー記事が掲載されている次のサイトをご参照ください。

「CPASS」（https://cpass-net.jp/）
「会計士の履歴書」（https://kaikeishinorirekisho.com/）
「会計士UP」（https://www.cpa-up.com/）

◆ **公認会計士が事業会社に入社した時の所属部署** ◆

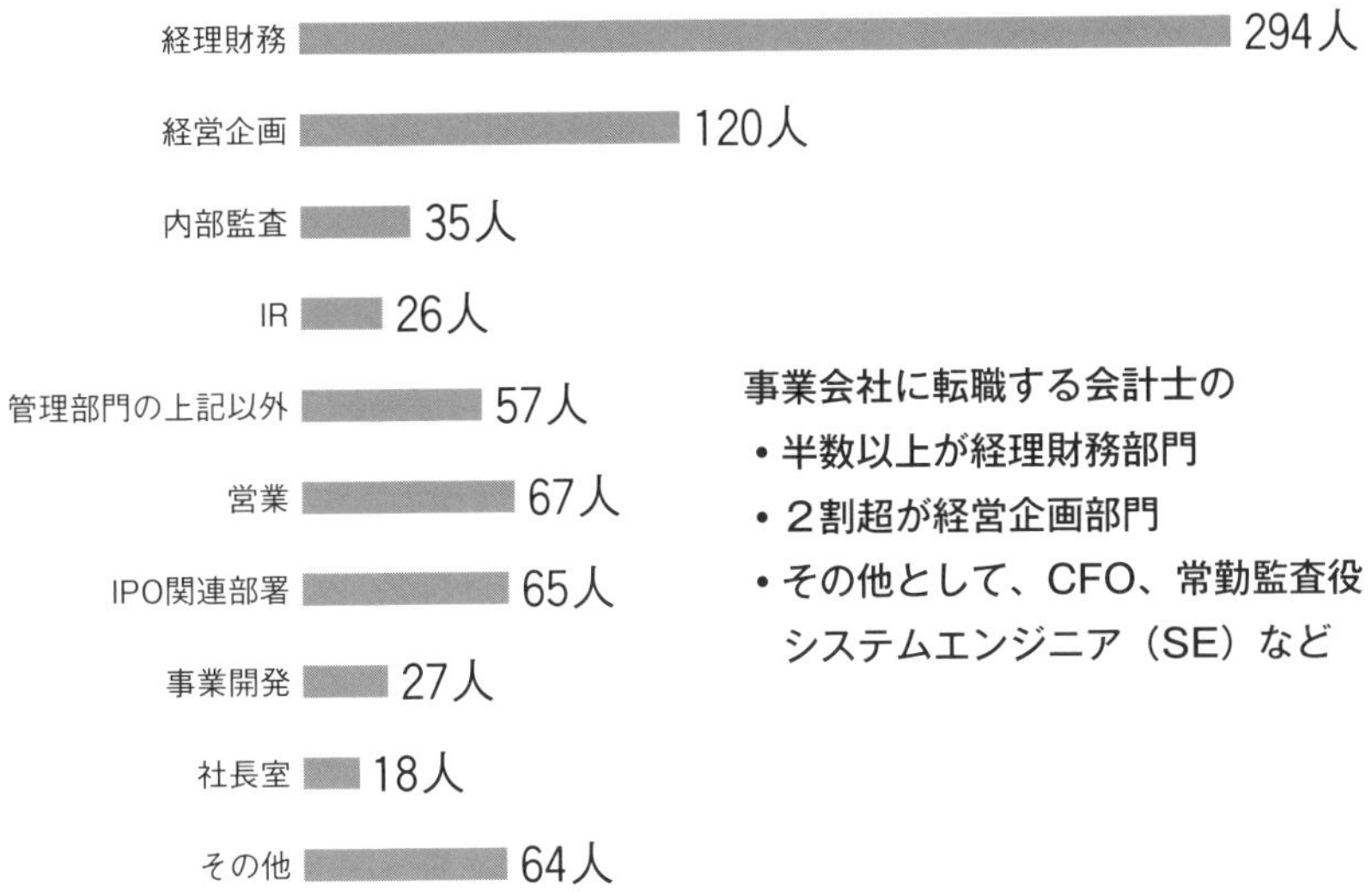

※事業会社に転職した522人の入社時所属部署（複数選択可）
出所：株式会社CPAコンパス『会計士白書』（2019年版）をもとに筆者編集

◆ **公認会計士の活躍する事業会社内の部署・部門・役職** ◆

事業会社へ転職する公認会計士の約半数が働く、経理財務部門（以下「経理部」という）では、大きく分けて、**日常的な経理業務**と**決算・開示業務**があります。

公認会計士が経理部で働く場合、公認会計士としての知識や経験を大きく活かせる決算・開示業務をすることが一般的です。

私が事業会社に勤務していた時も、連結決算、開示業務を中心に決算・開示業務全般を担当しながら、監査対応も行っていました。

私が監査法人を辞めて転職した事業会社は、上場したばかりの急成長しているベンチャー企業でした。ほとんどの社員が年下（20代）で、土台も仕組みもノウハウもないなか、気合と根性で仕事をし、連日、深夜残業をして決算を行い、開示書類を作成しているという会社でした。

ベンチャー企業は、それまで監査法人時代に訪問していた大企業とは常識が違っていました。まずは**「経理の仕組み」**を作らなければまずいと思い、決算・開示業務全般を担当しながら、仕組み作りを進めました。

私が事業会社に転職した年（２００５年）に東京証券取引所が全上場企業に決算早期化を要請しました。決算短信を30日以内に行うことが推奨され、多くの上場企業で「決算早期化」が経営課題に挙がった年でした。

◆事業会社の経理部での仕事の例◆

〔日常的な経理業務〕

日次業務	•伝票入力 •各種入金チェック、振込 •現金・預金管理 •請求書・領収書などの発行 •領収書などの管理 •勤怠管理
月次業務	•買掛金などの支払・管理 •売掛金などの入金チェック・管理 •経費精算 •給与計算・残業代計算 •社会保険料支払・管理 •税金納付・管理 •月次決算・収支管理
年次業務	•年末調整 •年次決算 •株主総会準備 •税務申告 •税金納付・管理
都度業務	•従業員の採用面接 •従業員の採用・退職手続き •税務調査の準備・対応

〔決算・開示業務〕

単体決算	•支店・工場・営業所などから決算情報入手・決算整理仕訳入力 •試算表作成 •勘定科目明細表など作成 •財務分析の実施
連結決算	•子会社などからの決算情報入手 •連結精算表作成 •連結キャッシュ・フロー計算書作成 •連結セグメント情報作成 •財務分析実施
開示業務	•各種注記基礎資料作成 •決算短信・有価証券報告書等の開示書類作成 •開示書類の表示チェック
監査対応	•監査法人へ提出する監査資料・各種エビデンスの作成 •監査法人からの質問・資料依頼への対応 •支店・工場などへの往査の準備・同行

※実務上、「日常的な経理業務」と「決算・開示業務」の線引きが明確でない場合もある。また、経理部以外の部署で実施される場合もある。

私がいた会社は到底「決算早期化」を達成できる状況ではなかったのですが、やらなければなりません。社内に公認会計士が私だけだったこともあり、1人で「決算早期化プロジェクト」を進めることになりました。

決算早期化といえば、業務フローを変えたり、ITシステムを導入したり、経験豊富な人材を増やしたりして対応することが多いのですが、私がいた会社は良いITシステムがあり、十分な数の社員がいました。それなのに連日深夜残業をしていたのです。

そのため、ハードワークで朝帰りを行っていた若者たちがどうしたら早く帰れるか、いろいろ考えました。

異常な残業時間と決算に時間がかかる最大のボトルネックは何かを考えると、まず監査法人と経理部の担当者の間のやりとりの非効率さがありました。監査法人はほしい情報を現場から得るために深夜残業していましたし、実務の現場からすると監査法人からはいつも同じような質問や資料依頼をされて鬱陶しく感じていました。

双方で非効率が多く、監査法人が残業しているから経理部員も早く帰れないという状況でした。どうすれば監査の非効率を解消できるかを考えた時に、「私が監査調書を作ればいいのではないか」と考えました。

そして、過去数年分の決算資料を洗い出して、あらかじめ過年度分の「セルフ監査調書」を自分で作成し、財務分析（分析的手続）も実施し、監査法人から質問されるであろうこともすべて監査調書に記載しておきました。

当年度の決算が締まると、財務分析（分析的手続）などの手続きを実施し、「セルフ監査調書」を上書きして作成し、期末監査の初日にそのデータを監査法人に渡しました。すると、本当に監査法人からの質問はなくなったのです。

結果として、監査法人も経理部員も早く帰ることができ、決算早期化は大成功となりました。非常に大きな成果が出たため、全社員の中からＭＶＰに選ばれ、表彰していただきました。


これが、私が「決算早期化コンサルタント」として独立するキッカケになりました。

当時、約４０００社の上場企業の大半が決算早期化に困っていたので、自分がやったことをそれらの企業にも移植したいと考えたのです。


そこで、当時在籍していた会社を退職し、業務委託としてその会社の決算・開示業務をサポートしながら、決算早期化コンサルタントとして独立しました（独立後の話は7章で述べたいと思います）。

私が作成した「セルフ監査調書」は、その後、各経理部員の決算資料として活用され、決算早期化・効率化の土台作り・仕組み作りに貢献しました。すべての決算資料のフォーマットを統一し、誰が見ても理解できるようにシンプルにしたうえで、そのフォーマットを埋めるだけで開示書類が作成できるようにもしたのです。

エクセルファイルを全面的に見直すだけで、ITシステムや個々人の能力に依存しないシンプルな「経理の仕組み」を作ることに成功しました〔「経理の仕組み」の作り方の詳細は、『「経理の仕組み」で実現する決算早期化の実務マニュアル（第2版）』（中央経済社）にまとめています〕。

決算・開示業務は専門的知識が求められますが、専門家しかできない業務になってはいけないと思います。

今後、ますます決算処理は複雑化し、開示の範囲が広くなっていくでしょう。そうなると業務が属人化していきます。この属人化しつつある専門的な業務を、誰でもできるような「経理の仕組み」として（再）構築することも、監査実務経験があり決算・開示業務を俯瞰できる公認会計士としての腕の見せ所ではないでしょうか。

私は、高度に専門化された決算・開示業務を、究極的には派遣社員・アルバイトでもこなせるくらいに業務や決算資料をシンプルにすべきだと考えており、それを「決算業務のマクドナルド化」と呼んでいます。

マクドナルドの店舗オペレーションのように、個々人の能力に依存せず、シンプルな業務フローを構築し、誰が調理をしてもスピーディで同じ品質のものができあがることが理想です。

私が事業会社で「決算早期化プロジェクト」を行った際も、参考にしたのがマクドナルドのオペレーションでした。

「マクドナルド化」を完成させることできたら、担当者が替わったとしても、常にスピーディで同じ品質のものを作ることが可能になります。

私が事業会社を辞めて20年近くが経ち、経理部のメンバーも大半が入れ替わりましたが、いまでも決算早期化（決算短信の30日以内開示）を維持していることは嬉しく思っています。

6-4

社外役員の仕事
——社外取締役・監査役としての公認会計士の役割

監査法人を退職し、独立・起業するおよそ4人に1人の公認会計士の中には、上場企業・上場準備企業の社外役員（社外取締役・社外監査役）に就任する人も増えてきました。

かつて、社外役員といえば、「誰でもいい」「月1回の役員会議に出席してくれたらいい」というお飾り的な存在とされ、社外役員を置かない上場企業も多くありました。東証一部／東証プライム上場企業において、社外取締役を選任している企業は、2004年で30・2％でしかありません。

しかし、2020年は全社が選任しています。

また、社外取締役を選任している企業においても、かつては1名しか専任していない企業が多かったのですが、2023年においては、3人以上選任している東証プライム上場企業は89・4％、5人以上選任は25・6％あり、その割合は増加傾向にあります（日本取締役協会「上場企業のコーポレート・ガバナンス調査（2023年8月1日公表）」の数字をもとにしています）。

社外役員が増加傾向にあるのは、大きく次の3つが影響しています。

①2021年3月から施行された改正会社法（会社法327条の2）

上場・非上場を問わず、監査役会設置会社（公開会社かつ大会社に限る）の**社外取締役の選任が義務化**されました。

②改訂コーポレートガバナンス・コード（原則4-8）

金融庁と東京証券取引所が取りまとめた上場企業の行動原則であるコーポレートガバナンス・コードにおいて、東証プライム上場企業においては**3分の1以上の独立社外取締役を専任すること**（他の市場の上場企業においては**2名以上**）を求めています。

③社会的な要請

会社の持続的な成長と中長期的な企業価値の向上のために「コーポレート・ガバナンス」（企業統治）を強化しなければならないという社会的な要請があります。

「コーポレート・ガバナンス」とは、簡単にいえば、**経営者を監視する仕組み**です。

経営者（特に代表取締役社長）は大きな権力を握っています。経営者は、企業価値を増大させ、利益を株主に最大限還元させなければならないところ、それと真逆の行動を取ってしまう可能性があります。そのような権力者の暴走に歯止めをかけるための仕組みが「コーポレート・ガバナンス」です。

そこで我が国の会社法において、国会・内閣・裁判所という三権分立の仕組みを参考に、株式会社の機関として株主総会・取締役会・監査役（会）の設置を求め、権力を分散させるとともに、経営者を監視する仕組みを作ったのです。

そして近年、コーポレート・ガバナンスを強化させるために、社外の立場から経営者を監視する社外役員のニーズ・必要性が高まってきました。

このように、社外役員のニーズ・必要性が高まってきたことから、社外役員は、かつてのように「誰でもいい」「月1回の役員会議に出席してくれたらいい」というお飾り的な存在ではなくなってきています。

きちんと取締役の職務執行を監督・監査し、コーポレート・ガバナンスを強化するために、経営陣や従業員との日常的な対話・議論・面談・相談対応、取締役会・監査役会以外の経営会議・戦略会議などへの出席、本社・支店・営業所・工場などの往査・視察への同行、製品・サービスの理解・試用なども行います。

公認会計士が社外役員となる場合、会計に関する知識・見識を有しているため、経理・決算の相談に応じたり、決算のチェック・レビューをしたり、中長期経営計画や資金計画の立案に参加したり、ＩＲ、ファイナンス（資金調達）、Ｍ＆Ａや事業提携、リスクマネジメントなどのサポートをしたり、監査法人とのミーティングに参加したり……。業務はさまざまです。社外監査役の場合は、内部通報窓口になることもあります。

このように、社外役員に求められること、特に公認会計士の社外役員に求められることの範囲は広がっています。

単に経営者の業務執行を監督・監査するだけではなく、経営者に助言・指導したり、経営者のメンターやコーチになったりしながら、経営者と経営をサポートしていくこともあります。

時には社長のアクセル役になり、時にはブレーキ役にもなり、会社経営を一緒にドライブしていくこともあります。

「月1回の役員会議に出席してくれたらいい」というお飾り的な存在の社外役員であれば、役員報酬は月10万〜30万円（上場準備企業であれば月5万〜30万円）が相場だと思います。

しかし、先述のとおり、社外役員に求められることの範囲は広がっていますので、社外役員の報酬も増加傾向にあります。２０２２年における東証プライム上場企業における社外取締役の報酬総額は、デロイト トーマツ グループ『役員報酬サーベイ（２０２２年度版）』によると、平均（中央値）で年840万円（月額70万円）で、東証一部時代を含めれば5年連続で上昇傾向にあります。

時価総額1兆円以上の上場企業の社外取締役の役員報酬は、HRガバナンス・リーダーズ『2022年役員報酬サーベイ』によると、平均（中央値）で年1700万円（月額約141万円）、時価総額1000万円未満でも年720万円（月額60万円）となっています。

コーポレート・ガバナンスの強化、さらに、会社の持続的な成長と中長期的な企業価値の向上のために、社外役員の役割は大きくなってきているのです。

TAKEDA

経理を変えれば会社は変わる

情報製造業

ここまでお話ししてきたように、私は監査法人を退職した後、事業会社の経理部で決算・開示業務、監査対応に携わりながら、決算早期化プロジェクトを遂行していました。決算の現場はまさに「戦場」で、大変な苦労を伴いました。しかし、事業会社の中に入って業務をすることで、経理部の素晴らしさを知ることもできました。

経理部などのバックオフィス部門はコストセンターといわれるように「利益を生まない部署」というイメージを持っている方が多いと思います。しかし、実際に経理部に入ってみると、利益を生まないどころか、会社にはなくてはならない重要な部署であることがわかりました。

なぜなら、経理部には会社のあらゆる情報が集約され、あらゆる情報を発信していく部署だからです。社内外の利害関係者は、経理部から発信された情報をもとに、経済的意思決定を行っています。つまり、経理部が価値ある情報を迅速に提供できなければ、彼らは意思決定を下すことができません。特に、取締役会では毎月重大な意思決定が行われており、その際に決算資料、予実分析資料、財務分析資料などの財務データは極めて重要になります。経理部が価値ある情報を提供できなければどうなるでしょうか。迅速に情報を提供できなければどうなるでしょうか。会社の屋台骨が揺らぐことにもなりかねません。

経理部で仕事をしている時に、経理部は、モノを仕入れ、加工して、出荷する工場と同じだと思いました。扱っているものが「モノ」ではなく、「情報」であるという違いがあるだけで、価値あるものを迅速に提供しなければならないという点では同じです。

そこで、私は、**「経理部は情報製造業である」**と定義しました。情報を仕入れて、仕訳を入力して終わりという「情報倉庫業」（仕訳屋）ではダメなのです。

現状では「情報倉庫業」の経理部が多いですが、社内外の利害関係者に価値ある情報を迅速に提供する「情報製造業」へ進化させなければなりません。

開示の質の向上や決算早期化は、経理部の永遠のテーマだと思います。

■情報サービス業

独立後に決算早期化を実現している上場企業を研究するようになり、そのような会社は「情報製造業」であることは当然のこと、さらに進化していました。

このような会社は、単に決算発表が早いだけではなく、決算の結果を踏まえて、会社にどういう問題・課題があるのか、どこに顕在的・潜在的なリスクを抱えているのか、どこに経営資源を投下すべきなのか、会社はどこへ向かうべきなのか、それによって会社の数字はどうなるのか、といった経営者などの意思決定をサポートする情報をタイムリーに伝えているのです。

このような経理部は、「経営の中枢部門」であり、「経営の指令基地」となり、経営者や事業部門を支援するサービス部門となっています。

そのため、私は、このように進化した経理部を**「情報サービス業」**と呼んでいます。ここまで進化した経理部が「真の経理部」であり、「強い経理部」だと考えています。

経理部がタイムリーに決算を行い、徹底的に財務分析を行い、「当期の利益は○億円だった」という単なる事実ではなく、その数字の裏に隠れた真実をつかみ、報告することにより、経営者や事業部門に対する司令塔になることができるのです。

このように、経理部は、経営の一翼を担う役割も担っています。

経理が変われば、経営者が変わり、会社は変わるのです。

経理部は、難解で大変な仕事が多いと思いますが、これほど楽しい仕事はないのではないか、と私は思っています。

◆経理部の進化のプロセス◆

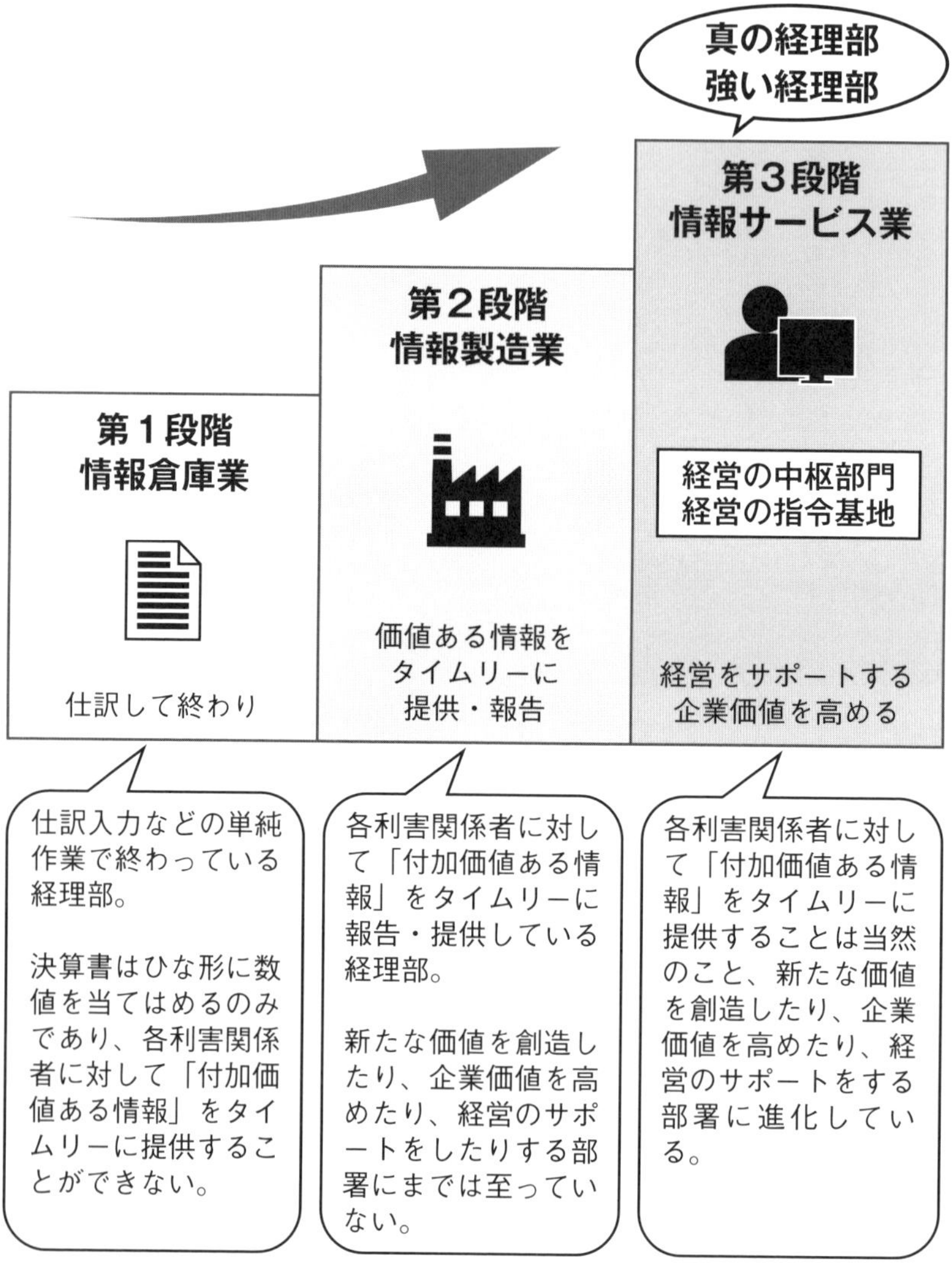
真の経理部
強い経理部
第３段階
情報サービス業
経営の中枢部門
経営の指令基地
経営をサポートする
企業価値を高める
第２段階
情報製造業
価値ある情報を
タイムリーに
提供・報告
第１段階
情報倉庫業
仕訳して終わり
仕訳入力などの単純作業で終わっている経理部。
決算書はひな形に数値を当てはめるのみであり、各利害関係者に対して「付加価値ある情報」をタイムリーに提供することができない。
各利害関係者に対して「付加価値ある情報」をタイムリーに報告・提供している経理部。
新たな価値を創造したり、企業価値を高めたり、経営のサポートをしたりする部署にまでは至っていない。
各利害関係者に対して「付加価値ある情報」をタイムリーに提供することは当然のこと、新たな価値を創造したり、企業価値を高めたり、経営のサポートをする部署に進化している。

出所：武田雄治著『「社長」の本分』（中央経済社）

HIRABAYASHI

会社の裏側がわかる社外役員の面白さと難しさ

社外役員として、どう過ごすか

公認会計士が、事業会社の社外役員、つまり社外取締役や社外監査役として関わるケースは、今後も増えていくと思います。

かくいう私も、執筆日現在、上場企業の社外取締役と社外監査役を務めており、さらにはその経験を活かして社外役員を中心とした人材紹介業も行っています。

私は、社外役員は会社との距離感が非常に面白い仕事だと感じています。ちょっと乱暴な言い方になりますが、社外役員は最終的な責任を他の取締役や監査役と同じだけ負うのに、会社の業務には何ひとつ手出しできない、という歯がゆい存在なのです。

実際には、会社と社外役員との間で「責任限定契約」という契約を結んでおり、何か問題が生じた場合に社外役員が負う損害賠償責任は、一般的に2年分の年俸が上限となり、他の取締役や監査役とまったく同じ責任を負うことは稀です。しかしながら、法律上、重要な決定をしたり、報告書を出したりする、他の役員と変わらぬ難しい立場に置かれています。

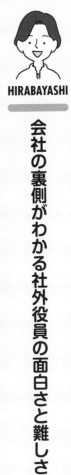

社外役員の主な業務は、ざっくり言えば、定期的な会議（取締役会など）に参加して意見を述べることです。回数や時間はまちまちですが、月1回から数回、1回あたり数時間から丸1日に及ぶこともあります。

月数回であれば、たいしたことのないように思われるかもしれませんが、その会議に参加するための事前準備、日常的なやりとり、書類のチェックなども必要となります。重要な議題・議案であれば、事前に、他の社外役員や常勤監査役に相談することもありますし、必要であればいわゆる「根回し」もします。

さらに、経営に携わるため、役員はもちろんのこと、従業員との人間関係の構築も必要です。少なくとも私は、社外役員に就任してから数か月の間は、あまり積極的に意見を言わずに、取締役会の雰囲気や、人間関係の理解と構築に務めるようにしていました。そうやって人間関係を構築していくと、役員も従業員も信頼してくれ、意見が述べやすくなります。

このように、私は社外役員であっても、その会社のために、ほぼ毎日、何かしら時間を割いています。

社外役員の責任の重さ

また、会社内で何か問題が生じれば、その対応にも追われます。

実際、社外監査役を務める企業で海外子会社の不適切会計が生じた時には、その子会社で起きた問題を理解し、その原因を追及するというイレギュラーな対応も求められました。臨時の経営会議へ出席し意見を述べたり、公認会計士と弁護士から構成される第三者委員会のヒアリングを受けたりという対応も求められました。

先述のとおり、かつては、社外役員といえば、「誰でもいい」「月1回の役員会議に出席してくれたらいい」というお飾り的な存在でしたが、いまはそうではありません。

余談ですが、第三者委員会のヒアリングは、ひさしぶりにとても緊張しましたし、気をつかいました。弁護士さん2名、公認会計士さん1名に対して、私は1人で臨みます。質疑応答はすべて録音されたため、不用意な発言はできません。誤解を与えるようなことも言えませんし、憶測や、安易な分析に基づく意見も言わないようにしました。

とはいえ、経験豊富な専門家相手に、嘘や誤魔化しも通用しませんから、本音で真摯に答えます。自分の言葉1つひとつに、これだけ気をつかって話す機会は滅多にないですし、本当に疲れましたね。繰り返される質問の数々に「尋問だなあ」とも思いました。

その後、第三者委員会の報告書がまとめられて公表され、さらにそれを踏まえた株主総会が無事に済んだ時には心からホッとしたのをいまでも覚えています。

会社の「社外」から会社全体の責任を負う

社会的な不祥事が起きた時、「私は知りませんでした。部下が勝手にやったことです」というセリフを口にするリーダーをテレビなどで見たことがあると思いますが、そう言う人の気持ちもとても良くわかります。

会社の全部を理解するのは無理ですし、なぜそのような問題が起きたのか理解できないケースもあり得ます。

とはいえ、それでも、責任を負うのが役員であり、それが役員の任務の1つです。

そしてもちろん、そのような問題が生じないようにするのも、役員の任務です。

現実にそのような場面に遭遇し、腹の底からそれを理解することができました。

それだけ重い責任があるにもかかわらず、先述のとおり、社外役員は会社の業務そのものに手出しできるわけではありません。

たとえば、社外役員が従業員に対して日常的にあれこれ指示を出せるわけではありませせし、社内のプロジェクトを推進するわけでもありません。社外役員は、あくまでも、株主の代わりに、社長や取締役がきちんと働いているかをチェックする（株主の利益と相反しないことを監視・監督する）ことが役割です。

あくまでも「社外」の人間であり、会社を直接変えるような任務は負っていないのです。

店舗をチェックして気づくこと

歯がゆさや責任の重さばかりに触れてきましたが、社外役員だからこそできることもあります。第三者的な立場から意見を述べたり、経営に参画することにより、会社を良くしていったり、企業価値向上に貢献したりすることができます。

たとえば、私が社外取締役を務める会社は、全国に店舗を展開しており、時々、勝手に、ミステリーショッパー（お客を装いお店をチェックすること、覆面調査）をしています。取締役会で説明された戦略に沿って店舗運営がなされているか、店舗運営に問題はないかなどをチェックしています。

この会社の取締役になるに当たって「勝手に店舗を見に行っていいなら」という条件を出しました。

私がいつ店舗にチェックに行ってもいい、と許可してくれるような会社でなければ、役員を引き受けることなどできませんからね。また、実際にそうした現場を回らなければ、自分なりに役員を全うできないと考えたためです。

この会社は、それを何の躊躇もなく、「積極的にお願いします」と言ってくれました。そして、そのミステリーショッパーでの気づきなどをサービス向上や企業価値向上へと繋げるべく、努力しています。

社外役員の仕事は、基本的には会議で意見を言うことが業務で、最終的には重い責任を負います。

一方、自分次第で積極的に動くこともでき、社内の役員とは異なった視点・立場から会社経営に関わることもできます。

私も日々模索しながら取り組んでいますが、チャレンジしがいのある面白い仕事だと感じています。

7章

公認会計士が独立して働く

―組織に属さず自立して生きる・働く

7-1 公認会計士が独立する——独立して何をする？ 独立会計士として何が求められている？

６章でも述べたとおり、監査法人を退職した人のおよそ４人に１人が独立します。（Ｐ１４９の図表参照）。

「独立」とは、読んで字の如く、どこの組織にも属さず、独り立ちすることです。

「○○公認会計士事務所」のような個人事務所として独立するケースが一般的ですが、「合同会社○○」「株式会社○○」のように法人化して独立するケースもあります。

個人よりも法人のほうが節税できるケースが多いため、個人事務所として独立した後、税負担が大きくなってから法人化するケースもありますし、独立時に個人事務所と法人の両方を立ち上げるケースもあります。

ただし、会計監査の仕事のように、個人名で（個人事務所で）しか受託できない仕事もあります。

私は、6章でも述べたとおり、監査法人から事業会社の経理部に転職し、そこで「決算早期化プロジェクト」を成功させたことがキッカケで、「決算早期化コンサルタント」として独立しました。

独立時に個人事務所と法人の両方を立ち上げ、個人名でしかできない仕事（会計監査、大学講師など）は個人名で（個人事務所で）受託しましたが、それ以外の仕事（コンサルティング業、セミナー講師業、著述業など）は法人で受託しています。

独立する際に、どのような事業内容で独立すべきか悩まれる方が多いですが、公認会計士として独立する場合に限らず、新しいビジネスを始める（新しい事業を立ち上げる）というのは、次の**「3つの輪」**が混じり合った部分を事業化し、収益化することです。

①「社会から求められること」
②「自分がしたいこと」
③「自分にできること」

①「社会から求められていない」、②「自分がしたいことではない」、③「自分にできることでもない」ということを事業化しても、うまくいきません。

◆新しいビジネスを始める時の３つの輪◆

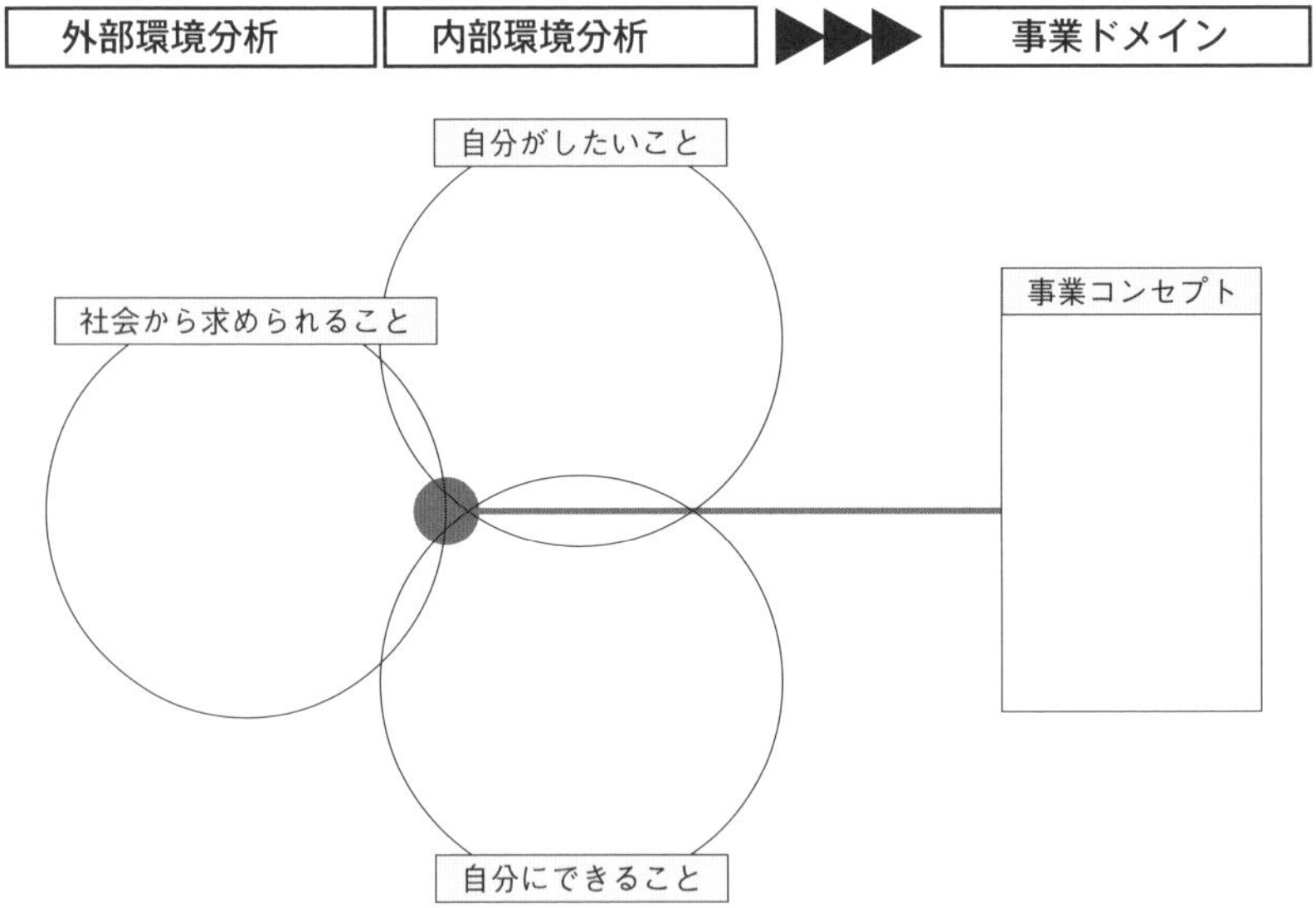

公認会計士が独立する際に、「税理士資格を取得して、税理士業務をやりながら、顧問報酬（固定報酬）を得れば、何とかなるだろう」と安易に考える方がいますが、独立はそんな甘いものではありません。

自分がしたいことではないものや、自分にできることでもないものを商品・サービスにしたところで、なぜそんなものに対価を支払う人がいるのでしょうか。

また、自分がしたいことではない事業や、自分にできることでもない事業を継続させることができるでしょうか。

1つの事業を成功させるには、何年・何十年にもわたるたゆまぬ努力が必要です。自分が何年・何十年と継続したいこと、継続できることを仕事にすべきです。

そのため、独立する際は、本当は自分は何がしたいのか、自分にできること、自分にしかできないことは何なのかといった自己分析をじっくりすべきです（内部環境分析）。そのうえで、社会や顧客が求めていることは何なのか、公認会計士として社会や顧客にどのような価値が提供できるのかについてもじっくりと分析すべきです（外部環境分析）。先述した「3つの輪」に串刺しできなければ、事業はうまくいかないと思います。

7-2 独立は、「小さく始める」こと――固定費をできるだけ小さくして、会計士業に特化する

公認会計士として独立する人の大半が、それまで事業を立ち上げた経験もなければ、経営をした経験もないでしょうし、営業やマーケティングをした経験もないでしょう。「独立して食べていけるのか」という不安があると思います。

不安がある方は、独立する際、**「小さく始める」**べきです。

私が独立した２００５年当時は、上場企業と取引をする際に、取引するに足る実態があるのか、財務基盤がしっかりしているのかといった厳しい調査を受けることが少なくありませんでした。会社の経理担当者が事務所を視察しに来たり、法務担当者が登記簿や私の経歴などをチェックしたり、信用調査会社から調査を受けたり、ということは当たり前に行われていました。コンサルティングの能力や実績だけなく、法人の実態やリスクをチェックをされました。

そのため、株式会社形態で、資本金１０００万円の財務会計コンサルティング会社を設立し、一等地のオフィスビルに入居し、職務スペースと応接スペースを分け、セキュリティを備えていることもアピールしました。

それでも、設立したコンサルティング会社の本店所在地が関西にあるというだけで契約締結に至らなかったこともあれば、従業員数が少ないという理由で契約を断られたこともありました。

そのため、関東・関西の2拠点にオフィスを構え、独立直後から8名の従業員（うち、公認会計士は私を入れて3名）を抱えたのですが、人件費・家賃・諸経費など固定経費だけで月額500万円を超えました。つまり、毎月それ以上の売上がなければ赤字ということです。

コンサルティング業は、会計監査や税務顧問業のように固定報酬というものがありません。プロジェクトが終われば売上はゼロです。そのため、常に営業やマーケティングをし続けなければなりません。これは大変苦労を伴いました。

いまも、企業との契約時に最低限の調査・チェックは受けますが、会社形態や本店所在地、資本金の額、従業員数などによって契約を断られたことはありません。リモートワークに積極的な企業も増えてきましたし、ＰＣ1台あればどこでも仕事ができる時代です。オフィスすらなくても仕事をすることは可能です。

私は、独立時に設立したコンサルティング会社を3年で創業メンバーに譲渡し、2008年に再独立をしましたが、それ以降、現在に至るまで、オフィスを持たず（レンタルオフィスに登記をしているのみ）、従業員を雇わず、ＰＣ1台でノマドワークを続けています。

１人で抱えきれないほどの大きな仕事をすることになっても、従業員は雇わず、独立会計士の仲間と業務委託契約を締結し、チームで仕事をしています。

このような働き方をしていることは顧客・見込客の上場企業にも伝えていますが、それで契約締結に至らなかったことはありませんし、不満が出たこともありません。なお、秘書とも業務委託契約を締結しており、空いた時間にサポートしてもらっています。

このように、私の場合は、再独立してからは固定費がゼロなので、売上を増やさなければならないというプレッシャーがなく、かつてのように常に営業やマーケティングをする必要もなく、目の前の仕事に１００％フォーカスすることが可能となりました。

結果として、成果物の納品のスピード・質を大幅に向上させることもできましたので、顧客満足度も上がったと思います。

固定費が何百万円もある中で「経営者」として仕事をすることは精神的にも肉体的にも相当なプレッシャーを受けますが、固定費がゼロで、「公認会計士」としての仕事にフォーカスできることは精神的にも肉体的にも非常に楽です。

独立する際は、小さく始めて、大きな成果を出すことを考えるべきでしょう。

次ページの図表のとおり、会計士としての独立後の事務所全体の従業員数は5人未満が約7割、10人未満が約8割であり、小規模の事務所で事業をしている独立会計士が大半のようです。

◆会計士の独立後の事務所全体の従業員規模◆

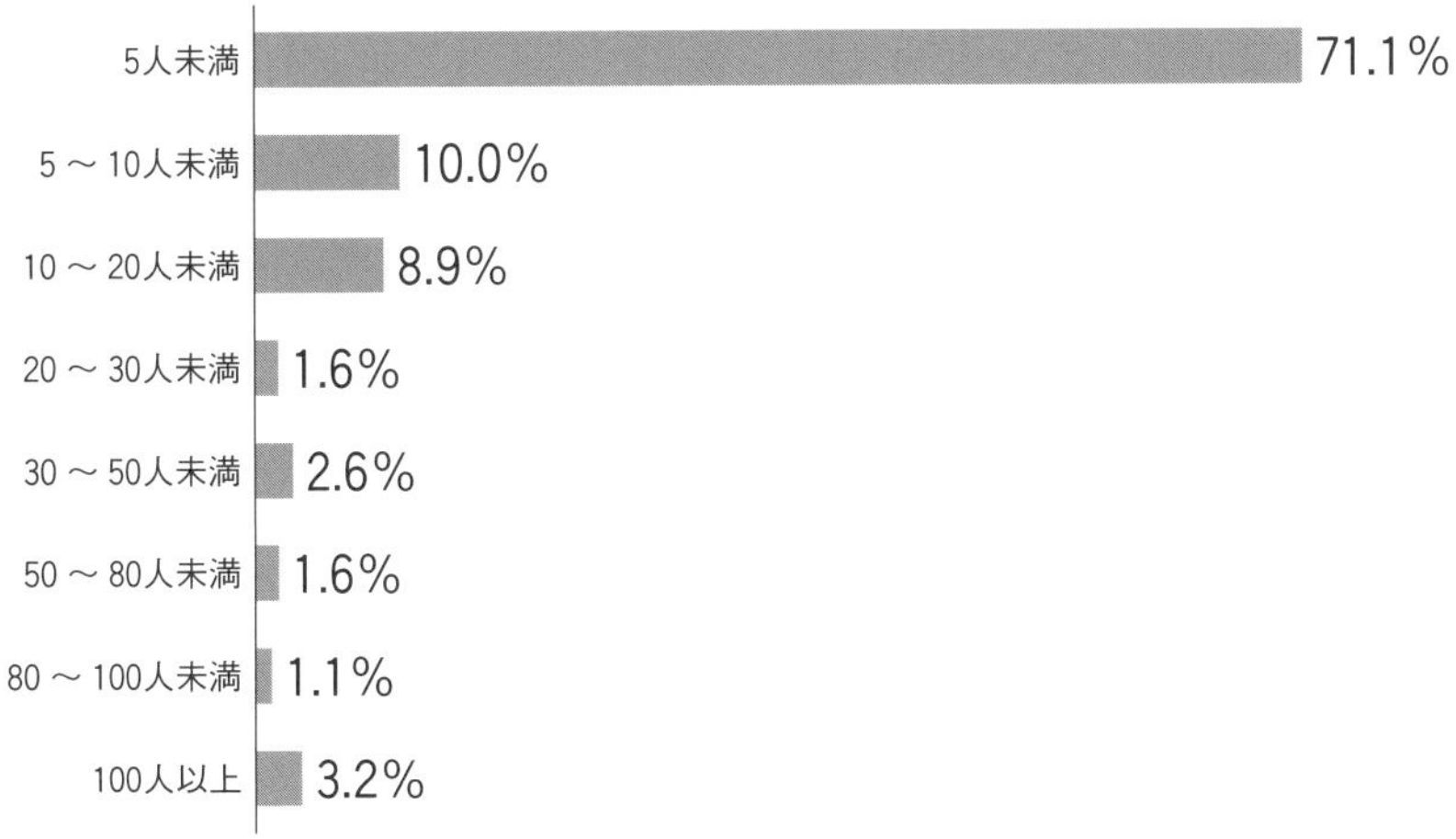

出所：株式会社CPAコンパス『会計士白書』（2019年版）

一等地にオフィスを構える必要もないと思います。

最初は自宅の一室からでもいいのではないでしょうか。東京都千代田区や大阪市北区といった住所を名刺やホームページに記載したいのであれば、家賃数千円から数万円のシェアオフィスやレンタルオフィスと契約すれば十分でしょう。

1人で抱えきれないほどの仕事をいただくことになってから、業務委託で仕事をしてくれる仲間を探すか、従業員を雇って組織化するかを考えたらいいと思います。

なお、1人で独立することが不安であるため、友人や先輩・後輩と一緒に共同経営をする方が少なくありませんが、ほとんどうまくいきませんので、やめたほうがいいと思います。

どれだけ気の合う仲間と共同経営をしても、経営、仕事、報酬などの考え方が常に同じであるわけがなく、いずれは対立します。

そもそも、共同経営は、「独立」とはいえません。

独り立ちすることに不安がある人、もしくは、踏み出せない人は、先述した「3つの輪」に串刺しできるまで、独立を遅らせてもいいのではないでしょうか。

独立を焦る必要はありません。

監査法人や組織で働きながら、享受できるものはすべて享受したほうがいいと思います。

社会からも顧客からも必要とされるプロフェッショナルとなるまで修業を積むべきです。そして、独立すべきタイミングが来たら思いきって独立したらいいと思います。

独立する時の不安は、「独立後に食べていけるのか」という不安が大きいかと思いますが、「小さく始める」（固定費をできるだけ少なく始める）なら、食べていけないことはないでしょう。

7-3 独立後の顧客獲得方法
―自分を認知してもらう方法は無限にある

そうはいっても、顧客がいなければ売上はゼロです。独立する時の、「食べていけるのか」という不安は消えないかもしれません。

独立すると、「自分の名前」で仕事をすることになります。将来、独立することを考えている方は、「自分の名前」を売り込む方法を考えておくべきでしょう。

「ＡＩＤＭＡの法則」というものを聞いたことがあると思います。消費者がモノを購入するに至るまでの、認知する（Attention）→興味を持つ（Interest）→「買いたい！」という欲求が湧く（Desire）→記憶に留める（Memory）→購入する（Action）というプロセスを辿るというものです（これらの頭文字をとって「ＡＩＤＭＡの法則」といいます）。

その後、ネット時代における購買行動プロセスモデルとして「ＡＩＳＡＳの法則」（Attention→Interest→Search→Action→Share）というものが提唱され、さらにその後、ソーシャルメディア時代における購買行動プロセスモデルとして「ＳＩＰＳの法則」（Sympathize→Identify→Participate→Share & Spread）というものが提唱されました。

時代が変わると消費者の購買行動も変わっていくことがこの3つの法則からわかりますが、時代が変わっても消費者がモノを購入する最初の購買行動は、認知（Attention）や共感（Sympathize）なのです。

つまり、認知も共感もされないものが購買活動につながることはないのです。**商売は「認知されてナンボ」**です。

そのように考えると、売上を上げる（顧客を獲得する）ためにしなければならないことは、認知されることです。では、どのようにすれば自分を認知してもらえるでしょうか。

次ページの図表は、主に私が認知してもらうためにこれまで実践してきた方法です。

私が独立したころは、ブログやメルマガのサービスが始まったばかりであり、注目度が高かったことから、約5つのブログを開設し、約10本のメルマガを配信し、相互紹介をしながら読者やアクセス数を増やしていきました。

そのブログやメルマガのおかげで独立直後から認知度は上がり、ホームページのアクセス数も増え、セミナーや執筆などの依頼も徐々に増えてきました。

◆自分を認知してもらう方法の例◆

□ インパクトのある名刺を制作する、名刺を配る	□ 元上司、元部下、知人などに顧客紹介を依頼する
□ ホームページを制作する	□ 金融機関などに顧客紹介を依頼する
□ ブログを書く	□ DMを郵送する
□ メルマガを配信する	□ プレスリリースを配信する
□ SNSを開設する	□ FAXDMを配信する
□ YouTubeチャンネルを開設する	□ セミナーを開催する
□ 本を執筆する	□ 出版記念トークショーを開催する
□ 小冊子を作成する	□ セミナー会社などに企画を出す
□ 広報誌を作成する	□ セミナーを２次配信する
□ チラシ、パンフレットを作成する	□ DVD、CDを制作・発売する
□ ネット記事を執筆する	□ ネットでLive配信をする
□ 新聞に寄稿する	□ 無料相談会を開催する
□ 業界誌に出稿する	□ ノベルティ（文具）を作る
□ 広告、記事広告を出稿する	

独立数年後に、セミナーや書籍に共感してくれた方から、コンサルティングや顧問就任の依頼が来る、という「循環」が始まり、それはいまでも続いています。

現在は2つのブログだけが残っていますが、約20年もブログを継続して更新している公認会計士はおそらく私だけではないかと思います。

この数年はブログの更新と書籍執筆以外に、営業活動もマーケティング活動もしていませんが、定期的にホームページなどを経由して仕事の依頼が舞い込んできます。

自分を認知してもらう方法は、前ページの図表以外にもたくさんあります。いまであれば、ネットやSNSなどをもっと活用したマーケティングが可能だと思います。

独立することを考えている方は、自分のマーケティング戦略を練ってみるべきです。

「経営学の父」とも称されるピーター・F・ドラッカーは、**「マーケティングの理想は、販売を不要にすることである。」**（『マネジメント［エッセンシャル版］基本と原則』ピーター・F・ドラッカー著／ダイヤモンド社／2001年）という名言を残されました。

自分から売り込むという営業（販売）行為はしたくないと思っている方は多いと思いますが、そうであればマーケティングを実践すべきです。

自分を認知してもらう方法を書き出し、それをすべてやるのです。弾を1発撃って的に当たることはそうそうないでしょう。何十発、何百発、何千発を撃ち続けると、効果がでるマーケティング手法が見えてくると思います。効果が出るマーケティング手法が見つかれば、それをコツコツと継続していくことで、顧客獲得の「循環」が生まれます。

独立した直後は、顧客も少なく、セミナーや講演の依頼もなく、もどかしい時期が続くかもしれませんが、認知度を上げるためにやれることをコツコツやるのみです。

私が独立したばかりのころ、ある著名な公認会計士の先生の事務所を訪ねたことがあります。その先生は、私よりもひと回り以上年上の大先輩であり、たくさんの本を出し、多くのセミナー・講演をされていました。

私にとって、憧れの先生であり、雲の上の存在だったのです。面識もなかったのですが、ホームページから連絡を取ると、快く会ってくれました。その時に、「どうやったら先生のようになれるのか」を聞いたのです。

すると、その先生は、「与えられた仕事を一生懸命やっただけです」「それ以外に何もしてません」とおっしゃられました。

「初めて登壇したセミナーでも一生懸命話した。初めて書いた原稿でも一生懸命書いた。すると、見ている人はちゃんと見てくれているので、次の依頼がやってくる。それも一生懸命やった。それを10年、20年と続けただけで、特別なことは何もやっていない」とおっしゃられました。

私も独立して約20年が経ちますが、この先生のおっしゃられたことがいまになってよくわかります。私もブログをコツコツ更新し、原稿を一生懸命書き、セミナーで一生懸命話しただけで、特別なことはやっていませんが、そこそこの成果を出すことはできました。何ごともコツコツやるのみです。

なお、この先生だけでなく、大成功された年配の公認会計士の先生の事務所におうかがいする機会がこれまで何度もありましたが、大半の先生が家賃の安そうな雑居ビルの中に事務所を構えています。

従業員も秘書も雇わず、1人で仕事をされている先生も少なくありません。

大成功された方でも、規模を拡大せずに小さく経営をされていますので、最初から大きく始めないほうがよいと思います。

HIRABAYASHI

独立時に抱えた不安と独立直後の苦労

仕事を請け負いすぎないように気をつけよ！

独立する時、誰でも抱く不安といえば、「仕事はあるのか」、「自分に仕事ができるのか」ではないでしょうか。

私も例外ではありませんでした。

独立したといえば格好がいいものの、私の場合は、単に監査法人勤務を続けることに挫折した、落ちこぼれ社会人。

資格があるだけで、他には何もありませんでした。ただ、独立した時は25歳と若かったので、とりあえずアルバイトでもすれば当面の生活はなんとかなるだろうと楽観的でした。

ところが、いざ独立してみると、「仕事はあるのか？」という不安とはまったく異なる不安が生じました。

それは、「どこまでお受けして、どれを断ったらいいのだろう」という不安でした。独立直後は、自分のキャパシティがわからないのです。

この点については、私が過去に主催していた公認会計士向けの「会計士独立塾」でもたびたび話をしてきたことですが、**「仕事がないかもしれない不安を抱くより、仕事を請け負いすぎないように気をつけよ！」**というのが、独立にあたっての教訓です。

実際、独立塾出身の公認会計士の何名かが、「本当にそうでした！」と言ってくれました。仕事がなかなか得られない時期もあり得ますが、本当の苦労は、その先にあります。

私の周囲で、いつまでも仕事がなくて困っている公認会計士は見たことがありません。

私の最初のクライアントは、専門学校で一緒に勉強していた公認会計士の友人に紹介してもらいました。友人数名に「監査法人を辞めて、自由な時間ができた」と報告したら、その中の１人が紹介してくれたのです。

それ以来、仕事がなくて困ったことは、いまのところありません。

むしろ、仕事がありすぎて、断らざるをえないということばかり。かといって、他の方を紹介しようとすると、「平林さんがやってくれるのでなければ結構です」と嬉しいような悲しいような、お断りのお返事が返ってきます。

「仕事を請け負いすぎないように気をつけよ！」

独立を視野に入れている方は、ぜひ、覚えておいてください。

仕事があるかどうかの不安に対しては、先述のとおり、「小さく始める」ことによって固定費をできるだけ低くしておき、少し貯蓄をしておけば良いでしょう。

監査法人時代から、生活費を無理のない程度に縮小しておき、それで数か月過ごせる貯蓄をしておくことくらい簡単なはずです。

一般的に、一度経験した贅沢な暮らしを手放すのは難しい、と言われますが、私はまったくそう思いません。これは、実践してみるとわかります。そして、それを実行できるのだとわかれば、収入減少への不安がやわらぎ、さまざまな変化に耐えられるという確信を持つことができます。

■独立後は初めての業務だらけ

さて、独立後にあるもう1つの不安は、冒頭でも触れたとおり、「自分に仕事ができるのか」、つまり、経験したことのない業務にどう対応するか、ということだと思います。

たとえば、私は独立直後、とあるベンチャー企業の経理業務を丸ごと請け負いました。丸投げ状態でした。

監査法人時代は、会計ソフトから出力された証票類を見ることは多いですが、会計ソフトへの入力そのものは経験しません。仕訳はわかっていても、仕訳入力をしたことがありません。それ以外にも、経理実務でわからないことはたくさんありました。私の場合は、経理実務を知っている公認会計士の友人にサポートしてもらいながら、依頼された業務をこなしていきました。

独立したら、ほとんどの業務が初めての経験になります。究極的には、世の中に同じ業務なんて1つもないのです。そのため、どんなご依頼でも、「どうしても嫌だ」と思わない限りは、時間の許す限り請け負うと決めて、わからないことは自分で調べるか、わかる人に聞くようにしました。

能力的にできるかどうかわからない依頼をいただいた時は、依頼主（クライアント）に正直に「結果を出せるかわからないが、全力で頑張る。それでもよければご依頼ください」とお伝えするようにしています。

びっくりすることに、私の経験上、これでご依頼を躊躇されることはほとんどありません。大抵は「頑張ってみてください」と言ってもらえます。

自分だけでは対処しきれないことがわかった時、助け合える仲間がいれば、自分もクライアントさんも安心ですが、最初のうちはそうした「バックアップ体制」を持つことも難しいでしょう。その場合、自分だけではできなさそうだとわかった時に、クライアントに早めに伝え、相談することです。

もしかすると、報酬もいただけず、そのクライアントからは二度と依頼が来ないかもしれません。でも、早め早めに報告、相談すれば、信頼を裏切ったり、損害賠償問題などに発展することはまずありません。それで自分自身のノウハウがたまるなら、それだけで十分な報酬です。

独立後の不安を、独立前にあれこれ想像しても、解決できないことも多いものです。しょせん想像の域を出ませんから、あれこれと考えすぎることは時間の無駄です。完璧になるまで準備するよりも、最善を目指しながら進めば良いのではないでしょうか。

TAKEDA

資格があるから実現できた沖縄移住での生活

売上ゼロから働き方を考え直した

私は、独立後、運良くクライアントも売上も右肩上がりに増え続けました。

しかし、従業員を雇わずに売上を伸ばし続けることには限界があり、体力的な限界も感じてきたことから、独立して15年の節目にあたる2020年に売上（ビジネス）よりも時間（プライベート）を優先することを決め、コンサルティングの新規受注を一旦止めました。

そんな時に、新型コロナウイルス感染症が拡大し、クライアントの上場企業からはリモートワーク、リモート監査対応を余儀なくされ、コンサルティングの継続が困難となったことから、既存のコンサルティング契約の解除が相次ぎました。

それまで上場企業のコンサルティングを10社近くも並行して実施していたのですが、あっという間にクライアントはゼロ、売上もゼロになりました。ちなみに、独立してから月次売上がゼロになったのは、この時が初めてでした。

「これは『働き方を考え直せ』という神のお告げだな」と解釈し、抗うことなく、1～2年休もうと思いました。

ちょうどその時、30年来の友人が東京から沖縄本島に移住し、シェアオフィスの管理人になりました。これも何かの縁かと思い、会社をそのシェアオフィスに移転し、沖縄にセカンドハウスを借り、大阪の自宅と沖縄を行き来する生活をすることにしました。

当時、まだ新型コロナウイルス感染症が拡大しており、海外に旅行できる状況ではなかったため、月に一度、沖縄に行き、観光客の少ないリゾート地でのんびりと過ごしていました。

ある日、沖縄中部の北谷《ちゃたん》という町に行ったことで私の人生が変わりました。

「アメリカンビレッジ」という商業施設があり、その名のとおり、多くのアメリカ人が集まる場所なのです。北谷は嘉手納基地と普天間基地の間にあり、米軍関係者やその家族が多く住んでいます。

週末の夜になるとアメリカ人が「アメリカンビレッジ」に集まり、家族や友人と食事をしたり、飲んだり、語り合ったりしているのです。「海外に行かなくても、ここにアメリカがあるじゃないか！」「ここに住みたい！」と思い、初めて行った日に沖縄移住を決め、大阪の自宅を引き払いました。いまも「アメリカンビレッジ」の近くに住んでいます。

新型コロナウイルス感染症が拡大した2020年から1～2年は、コンサルティング業は休止し、執筆、オンラインセミナー、YouTubeの配信など、自宅やオフィスでできることだけをやりました。

２０２２年ごろからコンサルティング業を再会しましたが、コロナ前のように対面でコンサルティングをすることはせず、遠隔（オンライン）でコンサルティングを行っています。

直接お会いしたことがないクライアントもいるのですが、コロナで多くの人々の価値観も変わり、対面が前提ではなくなりました。セミナーも基本的にオンラインで実施しています。そのため、沖縄に移住しましたが、仕事をするうえで困ったことはありません。ＰＣ１台あれば、世界のどこにいても仕事ができる環境になりました。

いまは、沖縄をベースに、コンサルティング、執筆、セミナー、大学講師、ビジネス投資、不動産投資などの仕事をしていますが、セミナー、大学講師以外は時間の拘束はなく、毎日・毎週自由に過ごしています。大学の出勤日以外は、午前中に海岸沿いをジョギングし、筋トレをし、午後にカフェに行って仕事をしたり、読書をしたり、ブログを書いたりし、夕方には自宅に帰っています。日々同じようなルーティンを繰り返しながら、時間的にも経済的にも自由に生きていけるのは、公認会計士という資格があるからだといえます。

経験という無形資産は、何歳からでも増やすことができる

私の会社の売上は一旦ゼロになりましたが、監査法人での経験、事業会社での経験、独立後の

経験、さらにこれまで学んできた知識・知恵は、無形資産として自己のB／Sに載り続けます。

アーサー・C・ブルックスの著書『人生後半の戦略書』（SBクリエイティブ／2023年）でも書かれていましたが、どのような人でも、スキル、パフォーマンス、生産性は、キャリア経験年数20年くらいでピークを迎え、その後は例外なく衰えていきます。

しかし、自己の無形資産は簡単には減ることなく、増え続けることもあるでしょう。20代、30代のうちに、公認会計士としてできるだけの経験・勉強をし、自己のバリューを最大化し、人生後半戦でそれをもとに社会貢献をしていくことができれば、幸せな人生へとつながるのではないでしょうか。

同業者の方からも、「かつてより売上が減ったと思いますが、不安はないですか？」と聞かれることがあります。

若いうちはP／Lを見る（売上・利益を伸ばす）ことが大事かもしれませんが、人生後半戦ではB／Sを見る（資産価値やセルフバリューを増やす）べきです。

価値を循環させることを考えなければ、死ぬ時に一番キャッシュを持っているという悲しいことになってしまいます。

これからは、公認会計士として築いてきた経験・ノウハウ・知識・知恵などを、教育をとおして、経営者・経理担当者・学生などへ提供することで社会貢献していきたいと考えています。

8章

公認会計士が会計以外の分野で働く

―無限の可能性がある公認会計士の仕事

8-1 公認会計士の幅広い活躍 ——会計以外の分野で活躍する公認会計士も多い

6章では、事業会社（上場企業・上場準備会社など）で経営者やバックオフィス部門で勤務するという人や、社外役員として働く人を紹介しました。

一般事業会社以外に、コンサルティングファームで働く公認会計士も少なくありません。独立した第三者としての立場である財務諸表監査とは異なり、企業からの依頼により、企業に寄り添いながら、各種コンサルティング・助言・指導を行っていき、成果を出していくのは、やりがいのある仕事です。

監査法人から金融庁などの公的機関に出向する人もいます。会計基準の開発に携わったり、上場企業の不正を見抜いたり、調査したり、取り締まったりと、なかなかできない経験をすることができます。

教育に携わる公認会計士も少なくありません。大学教授、専門学校講師をしている公認会計士は多くいます。公認会計士は指導的立場にあることから、教えることが好きな人（好きになる人）が多く、教育に携わりたいと思っている人が多いように思います。私も、元々は人前で話すことが苦手でしたが、これまでセミナー・講演は数百回しており、大学の教壇にも立っています。今後も教育に携わっていきたいと思っています。

このように、会計・監査のプロフェッショナルとしての資格・キャリア・経験・ノウハウなどを活かしながら、監査法人や事業会社以外で会計やコンサルティングの仕事をしている公認会計士も多くいます。公認会計士でありながら、これまでのキャリアなどとはまったく関連のない分野（会計以外の分野）で働く人も少なくありません。

6章で紹介した「ＣＰＡＳＳ」（https://cpass-net.jp/）というサイトに掲載されている「公認会計士100人のロールモデル」という公認会計士へのインタビューのページを見るだけでも、次のように多種多様な公認会計士が活躍されています。

○経営者、デザイナー、テキーラバー経営、ヨガ講師と多彩な分野で活躍するNさん
○家事代行サービスを行う会社を起業されたKさん
○暗号資産業界で起業されたNさん
○レンタル着物屋を開業されたFさん
○オンライン経理スクールを立ち上げたSさん
○うつや発達障害の方のためのビジネススクールHさん
○日本のSDGs発展に取り組むTさん

会計以外の分野で活躍されている方がたくさんいることがわかります。

他のサイトやメディアにも、さまざまな分野で活躍する公認会計士が取り上げられることがあります。世界のいたるところで、多種多様な公認会計士が活躍されています。

我々の周りでも、会計以外の分野で活躍する異色の公認会計士がいますので、P212～の【実体験エピソード】で紹介したいと思います。

8-2 公認会計士の一番の強み ―業務をとおしてビジネスに必須の知識を身につけることができる

公認会計士は、会計・監査のプロフェッショナルですが、それだけではなく（4章でも述べたとおり）財務分析のプロであり、財務諸表の異常点発見のプロであり、「監査的なモノの見方・考え方」（リスク・アプローチ的なモノの見方・考え方）を身につけたプロといえます。

また、仕事をとおして、数多くの上場企業の財務諸表やビジネスモデルを分析し、数多くの上場企業経営者と対話・対峙しているのが公認会計士です。

私は、公認会計士となって約20年が経ちますが、これまで監査やコンサルティングをとおして訪問した上場企業は１００社を超え、お会いした上場企業の社長も１００人を超えます。非上場企業も含めると、その数倍になると思います。

業務をとおして、ビジネスに必須の知識、スキル、モノの見方・考え方などを身につけることができ、多くの経営者とお会いし、経営者のモノの見方・考え方、経営手法・経営戦略などを学ぶことができることが、公認会計士であることの大きな強みです。

そのようなスキルを身につけた公認会計士が、監査法人以外のフィールドでも自分のチカラを試してみたいと思うのは自然な流れです。

働き方は人それぞれで、監査法人以外の法人や企業で働く人もいれば（従業員）、独立して働く人もいれば（自営業者）、起業して人を雇いながらビジネスを展開する人もいれば（ビジネスオーナー・経営者）、ビジネスをしてくれる人に投資しながらビジネスを展開する人もいます（投資家）。

いずれのかたちを取るにしても、公認会計士として働きながら身につけたスキルや思考などがベースにあります。

もちろん、監査法人でパートナーまで登り詰めるという選択肢もありますが、それ以外にも無限の選択肢があることが公認会計士の強みであり、魅力です。

なお、監査法人以外の分野で働くという無限の選択肢はあるものの、5章で述べたとおり、まずは監査法人から享受できるものは享受し、自分のバリューを高めてほしいと思います。

監査法人での経験や、監査法人勤務から得られたスキルは一生の武器になるはずです。

8-3

公認会計士業界の将来性

企業にサステナビリティ、ＳＤＧｓ、ＣＳＲ、ＥＳＧが求められ、上場企業のディスクロージャーが財務情報のみならず非財務情報も求められるようになってきた中、公認会計士・監査法人の保証の範囲も今後拡大していくでしょう。

１章でも述べたとおり、企業を取り巻く環境の変化に伴い、企業のビジネス・事業が多角化・複雑化し、会計基準も常にアップデートされ、開示量も増え続けていますので、公認会計士・監査法人がやることも増える一方です。

また、先述のとおり、公認会計士には会計・監査以外の分野で働くという無限の選択肢があります。次ページのグラフが示すように、公認会計士試験の受験者数も増加傾向にあり、公認会計士登録者数も増加傾向にあるということは、業界にとって明るい話です。

公認会計士登録者数は増加傾向にあるものの、監査法人所属者数は横バイであるため、監査法人以外で働く公認会計士が増加傾向にあるということです。

◆ **公認会計士業界の動向** ◆

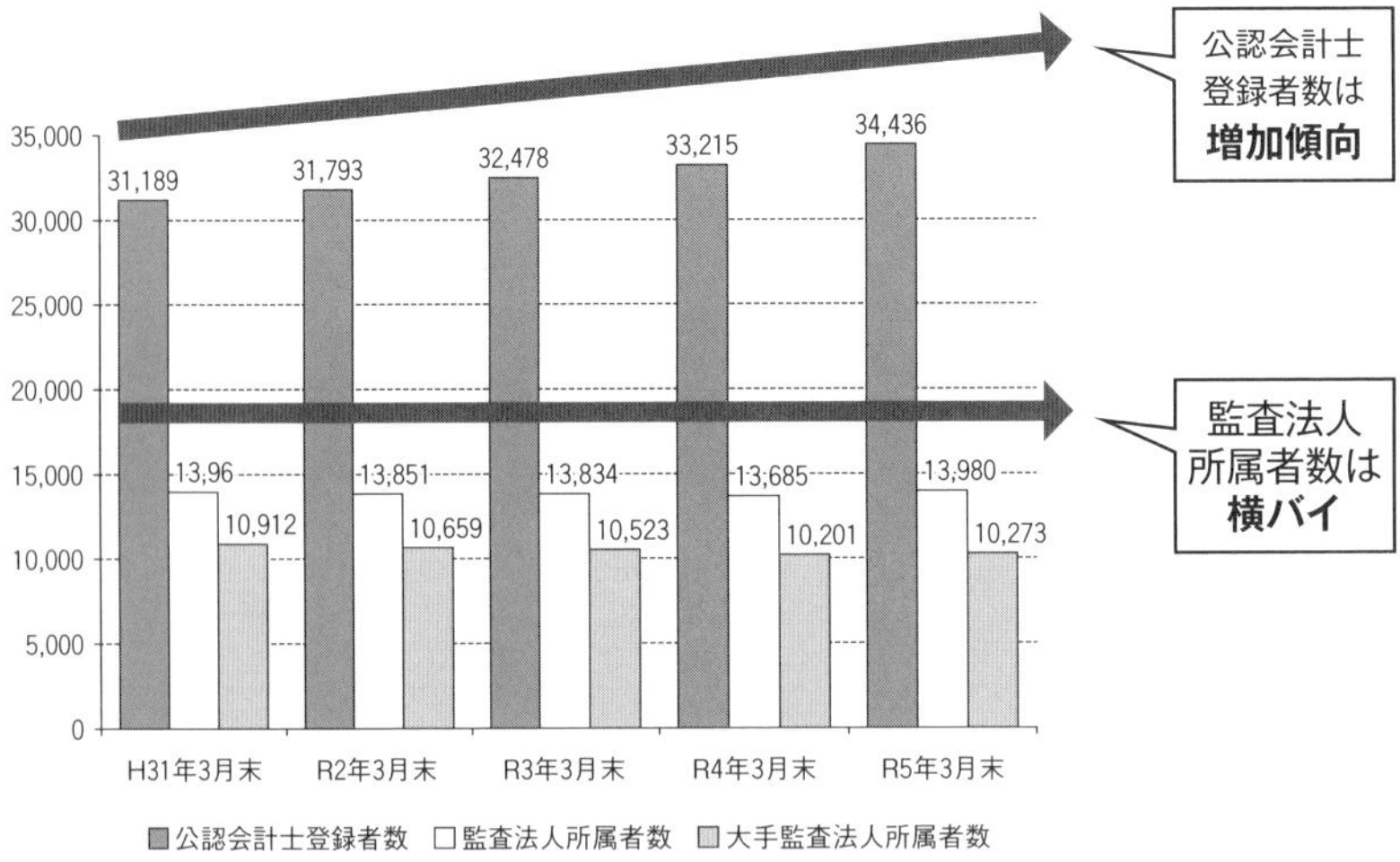

出所：公認会計士・監査審査会「令和5年版モニタリングレポート」をもとに著者編集

特に近年、若手会計士や女性会計士が幅広い分野で活躍されているように感じます。そのような業界は、活気があり、チャンスもあるものです。

公認会計士を目指そうかどうか悩んでいる方がいたら、ぜひこの世界に飛び込んでください。

公認会計士試験の受験勉強をされている方は、最後まで諦めずに合格をつかんでほしいと思います。

そして、さらに公認会計士業界を盛り上げていきましょう。

HIRABAYASHI

作家や落語家……。活躍する異色の公認会計士

「公認会計士×■■」で新たな価値を創造する

公認会計士は会計の専門家であり、その独占業務は「財務諸表監査」ですが、いまやその枠にとらわれない公認会計士がたくさんいます。

大ベストセラー『さおだけ屋はなぜ潰れないのか?』（光文社）の著者、山田真哉さんは、公認会計士というより、むしろ作家であり、近年はユーチューバーとしても大成功しています。会計事務所の経営や、社外役員なども務めておられるようですが、まさに公認会計士という枠にとらわれることなく活躍しています。

「落語で相続」を広めている参遊亭英遊（石倉英樹）さんも、新しい公認会計士の世界を切り拓く1人。もともと落語家だったのかと思わせるような腕前です。オリジナルの落語を通じて、相続問題を多くの人にわかりやすく伝え、その相談に乗る体制も作っています。まさに、公認会計士としての知見を活用して新しい活動をしているといえるでしょう。

簿記アプリをはじめとするアプリ開発を手掛けるwillsi株式会社（willsi.co.jp）を経営する與

世田夫妻は、プログラミングからイラストまで自分たちで手掛ける公認会計士です。アプリ開発については独学で学んだそうで、彼らのアプリや書籍に登場するキャラクター「パブロフ君」も自分たちで描いたイラストであり、さまざまな能力を結集して、情報などを世に送り出しています。

本当に、面白い時代になりました。

「公認会計士×作家」
「公認会計士×落語家」
「公認会計士×プログラマ」

このように、資格とその他の力を掛け合わせ、新たな価値を創造していけるのです。

近年では、さらに進化系公認会計士が出現しています。

株式会社Voicy（voicy.jp）という会社を立ち上げ、音声アプリを超えた音声メディアを作っている緒方憲太郎さんも公認会計士です。彼は、もはや、公認会計士である必要性を感じさせない経営者であり、公認会計士から経営者への転身を遂げたといってもいいでしょう。

また、私の教え子には、フィリピンでオンライン英会話の学校を立ち上げて経営している方、エステサロンを経営している方、教育事業に関わっている方など、それこそ、公認会計士という枠を超えて大きく活躍をしている人がいます。

公認会計士という枠にとらわれた生き方は、もう古いのかもしれません。

公認会計士だからこそチャレンジしやすい!!

ところで、もはや公認会計士である意味すらあるのかわからない生き方をしている彼らの多くはきっとこう言うでしょう。

「公認会計士だからできた部分は大きい」と。

そうなのです。現代の世の中で何かをしようと思う時、公認会計士の資格を持っているとハードルの低くなることが、たくさんあるのです。

先述のとおり、公認会計士は業務をとおして、ビジネスに必須の知識、スキル、モノの見方・考え方などを身につけることができます。

会社設立の知識、会社運営の知識、経理業務の知識は当然のこと、ファイナンスの知識もあれば、事業計画書を作成することもできます。さまざまな業界のビジネスモデルにも精通しています。それらの知識・ノウハウなどを自社のビジネスに活かすこともできます。

また、公認会計士の資格を持っていることは社会的信頼にもなります。たとえば、公認会計士の資格を持っていれば、金融機関との交渉・手続きもスムーズです。いまは企業の口座開設ですらハードルが高くなっており、口座開設をさせてもらえない企業もあります。融資もハードルが高くなっているように感じます。

公認会計士の資格を持っていれば、これらのハードルはかなり低くなるでしょう。

事務所を借りる場合も、起業したばかりの企業やベンチャー企業の場合、苦労することがあります。家主からすれば、そのような企業は、怪しい人じゃないのか、家賃は払ってもらえるかなど、リスクが高い相手になります。そのため、貸してくれなかったり、厳しい条件を付けられたりすることがあります。しかし、この場合も公認会計士の資格を持っていれば、ハードルはかなり低くなると思います。

公認会計士の資格を持たない方が事業を立ち上げようとすると、いろいろな壁にぶつかることでしょう。公認会計士だと、その壁が圧倒的に少なく、壁があったとしても低くなります。

私はこれまでベンチャー企業の支援をしてきましたので、これは断言できます。

公認会計士は、この世の中でどのようなビジネスをするにしても、ベースになりえる資格だと思います。

公認会計士として働いてから得た知識・ノウハウだけでなく、資格を取るために学んだ知識も、大きな力になると思います。

人生100年時代。そして、並行していろいろな活動をするのが当たり前のパラレルキャリアの時代。視野を広げて人生を見据えた時、公認会計士という枠にとらわれない生き方の選択肢は無限にあると思います。

みなさんはどのような生き方をしてみたいですか？

公認会計士は、どのような生き方を選択しても、それを支えてくれる土台となることでしょう。

TAKEDA

投資家や俳優業……。幅広く活躍する公認会計士

多種多様な公認会計士としてのキャリア

私のYouTubeチャンネル『黒字社長塾チャンネル』の中で、公認会計士との対談のコーナーがあります。独立して活躍されている公認会計士や、社外役員をされている公認会計士などへの対談もしてきましたが、異色の公認会計士にも出演していただきました。

相京俊信さんは、在学中に米国公認会計士試験に合格し、松下電器産業株式会社（現Panasonic株式会社）に入社しました。

巨大な企業の本社経理部で決算・開示業務を担当するだけでも大変なことですが、会計専門職に携わりたいという気持ちを抑えることができず、あずさ監査法人（現：有限責任 あずさ監査法人）に転職し、監査法人で仕事をしながら公認会計士試験に合格するという珍しい経歴をお持ちです（これだけでも異色のキャリアです）。

あずさ監査法人では、シリコンバレー事務所駐在なども経験しながらシニアマネジャーまで昇進しますが、起業にチャレンジしたいとい気持ちのほうが強くなり、入所13年後に退職。

独立後は、自らワイン投資の事業を立ち上げたり、知人とベンチャー企業の共同創業・事業立ち上げに携わったり、エンジェル投資を行ったり…。幅広い活躍をされました。

趣味が高じて、ワインエキスパートの資格も保有されました。不動産投資も行い、いわゆるFIRE（Financial Independence, Retire Early、経済的自立と早期リタイア）を実現され、自分に「Who am I ?」（自身の強みは何か、どうやって社会に貢献できるか、何を成し遂げたいか）と問い、再び事業会社に戻り、現在は企業の取締役として活躍されています。

事業会社、監査法人、独立、投資とひととおりの経験をされた後に、さらに社会に貢献するために事業会社に戻るという異色のキャリアです。

菊池諒介さんは、公認会計士試験合格後、中小会計事務所に勤務し、その後、25歳でプルデンシャル生命保険株式会社に転職され、現在もライフプランナーとして活躍されています。

生命保険会社のバックオフィス部門に勤務する公認会計士は多いものの、営業職として活躍されている公認会計士は数名しかいないようです。生命保険は金融商品でありながら、営業職として会計のプロフェッショナルがほとんど携わっていないことや、会計のプロフェッショナルだからこそできる価値提供もあることから、ライフプランナーの職に就くことに決めたようです。

菊池さんの具体的な仕事の内容は、個人向けのライフプランのコンサルティングとそれに付随する生命保険プランの提案や、相続対策、法人向けの事業保障や福利厚生、事業承継に関わるご提案など、多岐にわたります。

知識を提供する会計のプロではなく、ライフプランナーという仕事は、人と人とのつながりや、人間力、信用力がより強く求められる仕事であるため、営業をすることがなかった会計事務所勤務時代とは違う苦労を特に転職当初はたくさん経験されたようですが、いまでは多くの紹介もいただきながらトップセールスとして活躍されています。

松岡由起子さんは、17歳で妊娠が発覚し、高校3年で長男を出産。大学受験を諦め、新婚生活を始めるのですが、夫のたび重なるDVにより離婚を決意。シングルマザー（シンママ）としての人生をリスタートさせた後に、「資格を取って稼げるように」と公認会計士を目指し、子育てと仕事と受験勉強の生活を3年続けます。

子育てをしながら公認会計士試験に合格し、長男を実家に預け、単身上京し、有限責任監査法人トーマツ東京事務所に勤務しました。約2年半、東京と実家を往復する下積み生活を経て、31歳で独立。地元奈良県に戻り、公認会計士・税理士として働きます。

その時に応募した「ミセス日本グランプリ」において、見事グランプリを受賞し、モデルの仕事も始めます。長男が大学生になり、子育てがひと段落したことを機に、再び上京し、モデル業のみならず、女優業にもチャレンジします。今後、メディアで松岡由起子さんを見ることが増えるかもしれません。

おわりに

公認会計士試験（当時の２次試験）に合格してから、約30年が経ちました。人生の半分以上を公認会計士の資格とともに生きてきたことになります。その間、社会でいろいろなことが生じても、家庭内でさまざまな出来事があっても、総じてみれば、豊かで、穏やかな日々を過ごすことができました。

公認会計士という資格が、こうした人生の助けになってくれたことは間違いありません。

食べていくためにやむを得ず、他の選択肢を見つけられなかったために取得した資格でしたが、食べてくという当初の目的はもちろんのこと、会社を経営し、本や記事をを執筆し、講演し、テレビやラジオに出て、シンガーソングライターとしてCDデビューまで果たすことができました。CDを一緒に作ってくれた芸能事務所の社長とは、「公認会計士として文化人タレントにならないか」と声をかけてくれたことで付き合いが始まりました。後に、彼が有名な歌手を何名も輩出してきた音楽プロデューサーだったと知り、そこから音楽を作るという話に発展したのです。人生、どう展開する（転がっていく?）か、本当にわからないものです！

そして、このような展開を巻き起こしてくれる可能性を持つことが、公認会計士という資格の面白さだと思っています。

難しそうな会計の資格だということはよく知られていても、いったいどんな業務をする人なのか、どんな知識を持っている人なのかは、意外と知られていないでしょう。

実際、公認会計士さんの業務内容や能力はそれぞれ異なっていて、公認会計士という「職業」としてくくるには無理がある。どちらかというと、公認会計士という共通基盤を持って生きている人というイメージでしょうか。

そのため、資格の枠にとらわれることなく、自由に活動していくことができるというわけです。

本書を通じて、そのような公認会計士の魅力が少しでも伝わったなら、著者の1人としてそれほど嬉しいことはありません。

最後になりましたが、本書に取り上げさせていただきました関係者の皆様、本書のほとんどを執筆してくれた共著者の武田雄治さん、日本実業出版社様、本書を手に取って最後までお付き合いいただきました皆様に、この場を借りてお礼申し上げます。

本書が少しでも世界の、そして宇宙の役に立ちますように！

2023年11月吉日

公認会計士　平林亮子

平林亮子（ひらばやし　りょうこ）
公認会計士。経営コンサルタント。シンガーソングライター。茶人。千葉県出身、漫画大好き、方向音痴。お茶の水女子大学文教育学部地理学科卒業。1998年太田昭和監査法人（現・EY 新日本有限責任監査法人）に入所し、国内企業の監査に多数携わると同時に専門学校で教壇に立つ。公認会計士最終試験合格を機に25歳で独立し、平林公認会計士事務所開設。企業のコンサルティングを行うかたわら、ビジネスセミナーでの講義、書籍や雑誌の執筆、上場企業の社外役員等も務める。2011年テレビ朝日の情報番組のレギュラーコメンテーター、2012年ラジオNIKKEIやレインボータウンFMの冠番組を持つなど、マスコミでも活躍。2017年にはシンガーソングライターとしてCDデビューし、主要な音楽サブスクリプションサービスや通信カラオケでも配信されている。2016年お抹茶カフェプロデュース。2018年女性会計士仲間と株式会社Lumiereを設立し、女性の専門家を中心とした人材紹介業を通じて、ダイバーシティ経営や企業における女性の活躍をサポートしている。

武田雄治（たけだ　ゆうじ）
公認会計士。武田公認会計士事務所 代表、株式会社武田会計 代表取締役。関西学院大学商学部卒業。公認会計士試験合格後、KPMG(現・有限責任 あずさ監査法人)に入所。その後、東証上場企業財務経理部門に勤務し、決算・開示実務全般を担当。2005年に財務会計コンサルティングを設立して独立。2008年に武田公認会計士事務所として再独立。その他、中小企業に特化した経営・会計コンサルティング事業「黒字社長塾」を主宰、YouTube「黒字社長塾チャンネル」からも情報配信中。簿記・会計オンラインサイト「CPAラーニング」講師、関西学院大学商学部非常勤講師に就任。現在は「経理を変えれば会社は変わる！」の信念のもと、上場企業から中小企業、起業家まで、幅広いクライアントに対して会計、経営のコンサルティングを行っている。決算早期化、決算業務改善に関しては第一人者と称される。これまで決算早期化を実現させた上場企業は40社を超える。著書は『決算早期化の実務マニュアル《第２版》』『「経理」の本分』『「社長」の本分』（いずれも中央経済社）など多数。ブログ「CFOのための最新情報」は月間のべ10万人以上が閲覧。

公認会計士《こうにんかいけいし》　「試験《しけん》」「仕事《しごと》」「キャリア」のすべてがわかる本《ほん》

2023年11月20日　初版発行

著　者　武田雄治 ©Y.Takeda 2023
　　　　平林亮子 ©R.Hirabayashi 2023
発行者　杉本淳一

発行所　株式会社日本実業出版社　東京都新宿区市谷本村町３−29 〒162-0845
編集部　☎03-3268-5651
営業部　☎03-3268-5161　振　替　00170-1-25349
https://www.njg.co.jp/

印刷／壮光舎　　製本／共栄社

ISBN 978-4-534-06057-0　Printed in JAPAN